टर्निंग पॉइन्ट

टर्निंग पॉइन्ट

कपिल पोसवाल

GenNext Publication

टर्निंग पॉइन्ट

ISBN: 978-93-5324-116-2

भारत सन् 2017 में प्रकाशित
जेन्नेकस्ट पब्लिकेशन
5, अंसारी रोड, दरियागंज,
नई दिल्ली-110002
Phone : 9811692060
ई-मेल: gennextpublication@hotmail.com

मुद्रित: जी. प्रिंट प्रोसेस, दिल्ली

समर्पित

मैं अपनी इस किताब को
अपने आदरणीय इंग्लिश टीचर
श्री राजेश कुमार सर
को समर्पित करता हूँ।

इन सबका बहुत-बहुत शुक्रिया

अपनी इस किताब के हर एक पाठक का, जिसने भी यह किताब खरीदी है और इसे पढ़ने की तैयारी कर रहा है। मेरी भगवान समान माता श्रीमती महकेश और मेरे पिता श्री राजेन्द्र सिंह का, जिन्होंने हमेशा मेरा साथ दिया है। ज्ञान बुक्स प्रकाशक का मेरी इस पहली किताब को छापने के लिए।

मेरे आदरणीय टीचर श्री राजेश सर का, जिन्होंने मुझे मेरी जिन्दगी की यह दिशा दिखाई है।

मेरे आदरणीय टीचर श्री प्रवीण सर और श्री अमन सर का, मेरा हौसला बढ़ाने के लिए।

मेरे बड़े भाई समान मेरे जीजा जी श्री राजेश कसाना का, मेरी इस किताब को यहाँ तक पहुँचाने के लिए। मेरे बड़े भाई रिंकू और मेरे दोस्त संजू का, इस किताब पर बेहतरीन टिप्पणी देने के लिए।

मेरे समाज के हर एक व्यक्ति का, जिन्होंने मुझे लोगों को बेहतरीन ढंग से समझने में मेरी मदद की।

प्रशंसा-परिचय

वास्तविकता और कल्पनाओं के बीच संतुलन बनाना आसान काम नहीं होता। इंसान के पास ऐसा हुनर है जिससे यह काम संभव ही नहीं होता बल्कि कुछ ऐसा होता है जो शायद पहले कभी संभव ही नहीं था। कल्पनाओं की पेचीदी में कभी-कभी इतनी गहराईयाँ नज़र आती हैं कि इंसान नायाब से नायाब मोती बड़ी सहजता से ढूँढ लाता है। बस ज़रूरत होती है अपने अंदर छुपे उस असली हुनर को अच्छे से पहचान लेने की और उस हुनर को असली पहचान दिलाने के लिए सही दिशा में निरंतर प्रयास करते रहने की। ऐसे ही एक हुनर को पहचान दिलाने का प्रयास करने वाले कपिल की कल्पनाएँ वास्तविकता से परे नहीं हैं। इस दिशा में बढ़ाया गया उनका हर कदम उन्हें सफलता के सौ कदम नज़दीक ले आएगा। रास्ते ही तय करते हैं कि कामयाबी की मंजिल कितनी दूर होगी और कितनी आसानी से या कितनी मुश्किल से हासिल होगी। सही रास्ता चुनना ही कठिन कार्य होता है, कोई न कोई मंजिल तो मिल ही जाती है पर सही मंजिल तक पहुँचने के लिए सही रास्ता ही सर्वाधिक महत्वपूर्ण होता है। कपिल ने अपने अंदर छुपे हुनर को अच्छे से पहचाना और लेखन कार्य में अपने हुनर को पहचान दिलाने के लिए सही रास्ता चुना है जो निश्चित ही उन्हें सफलता की मंजिल तक शीघ्र अति शीघ्र ले जाएगा। व्यक्तिगत शांत स्वभाव वाले कपिल के विचारों में गंभीरता है जो समाज के साफ सुथरे आईने के रूप में हमेशा प्रतिबिम्बित होते

रहेंगे। सहजता भरे उनके व्यक्तित्व में प्रेरणा लेने व दूसरों को प्रेरित करने की असीम क्षमता है। इस उपन्यास के माध्यम से वह अपनी कल्पनाओं के समंदर से समाज को प्रेरित करने वाले मोती रूपी विचार प्रस्तुत करते हैं।

विद्यालय में शिक्षा के दौरान मैं हमेशा उन्हें कुछ अच्छा, कुछ बेहतर कुछ नया करने को प्रेरित करता था। मन–ही–मन इस बात से चिंतित भी रहता था कि कपिल को अपने जीवन का लक्ष्य निर्धारित करने की चिंता है कि नहीं। इसलिए मैं बार–बार उनके जीवन के महत्वपूर्ण होने का आभास अपने विचारों व संवादों से कराता रहता था। उनके दैनिक जीवन की कार्यशैली से कुछ विशेष करने का आभास तो नहीं होता था, किन्तु कुछ रहस्यमय अवश्य प्रतीत होता था। संवदेनशील, स्थिर व औपचारिक व्यवहार अपने आप में विस्मयी लगता था।

जब एक दिन उनके इस लेखन कार्य में रूचि और हुनर का अनावरण हुआ तो एक बार फिर से विस्मयी लगा। मगर इस बार विस्मय के साथ खुशी व गर्व भी था। कपिल ने जीवन का लक्ष्य बना लिया था अपने हुनर को सफलता की मंजिल तक पहुँचाने का सही रास्ता भी चुन लिया था, जीवन के मूल्यों को गहराई से समझ भी लिया था, यह सब जानकर मन बहुत प्रसन्न था क्योंकि मेरे अन्दर छुपे लेखक को कुछ अपनापन सा लगा। मेरी दुआ और आर्शीवाद सदैव कपिल के साथ रहेंगे। ईश्वर उन्हें सफलता, खुशी, शौहरत और संतुष्टि प्रदान करें।

– सुशील कुमार वर्मा

प्रधानाचार्य

प्रशंसा-परिचय

आज मुझे अपने एक होनहार छात्र के बारे में लिखते हुए अपार खुशी हो रही है। एक ऐसा छात्र जो कक्षा में हमेशा चुपचाप और गुमसुम सा रहता था। उसने एक किताब लिख डाली जिसके बारे में किसी को कुछ भी नहीं पता था। उसने अपने एक मित्र से किताब के बारे में जिक्र किया और उस मित्र ने मुझे यह सब बताया। इसके कुछ दिन बाद इस छात्र कपिल ने मुझे अपनी किताब के बारे में दो शब्द लिखने के लिए कहा।

मैं परमपिता परमात्मा से इस होनहार लेखक के उज्जवल भविष्य की कामना करता हूँ। भगवान इसके जीवन में ज्ञान गंगा को प्रवाहित करते रहें और यह उनके सान्निध्य में हमेशा पल्लवित होता रहे।

– राजेश कुमार
अंग्रेजी प्राध्यापक

जीवनी

मेरा जन्म 17 अगस्त सन् 2001 को हरियाणा राज्य के जिले पलवल के असावटा गाँव में हुआ था मैं एक मिडल क्लास फैमली से बिलोंग करता हूँ। मेरे पापा एक आर्मी ऑफिसर है, और मेरी माँ एक हाऊस वाईफ है। घर वालो का कहना था की मैं बचपन से ही बहुत कम बोला करता था और बहुत ही कम खेलता था। फिर कई सालों बाद पहली बार जब डॉन्स इंडिया डांस आया था तो मुझे उसे देखने में बहुत मजा आता था और मैं यू ही टी. वी. पर डान्स इंडिया डान्स को देख-देखकर डान्स सीखने लगा। और फिर डान्स में मेरी और ज्यादा रूचि बढ़ने लगी और मैंने घर वालों से खुद को डान्स कोचिंग दिलाने के लिए कहा लेकिन उन्होंने मना कर दिया क्योंकि उन्हें लगता था की यह सिर्फ मेरी एक जिद है, और एक तरह से उनकी बात सच भी थी क्योंकि उस वक्त मैं सिर्फ छठी कक्षा में पढ़ता था। लेकिन मेरे एक अंकल है जिनका नाम है श्री दीपक, उन्हें मुझ पर मेरे डान्स को लेकर पूरा-पूरा भरोसा था इसलिए उन्होंने मेरे घरवालों को समझाया की मुझे डान्स सीखने दें और उनकी वजह से मेरे घर वाले मान गए और मुझे डान्स क्लासेस के लिए जाने दिया। लेकिन मैं डान्स क्लास के लिए ज्यादा से ज्यादा बीस बाईस दिन ही गया था और मैंने डान्स क्लासेस छोड़ दी। वो इसलिए क्योंकि वो सब मुझे बोरिंग लगने लगा था उस वक्त डान्स से मेरी धीरे-धीरे रूचि हटने लगी थी। उस वक्त डान्स छोड़ने के बाद कुछ दिन तक मुझे

मेरे लिए गए इस फैसले से दुख तो हुआ था लेकिन आज जब मैं उन बीते हुए लम्हों को याद करता हूँ तो उस वक्त लिए गए उस फैसले से मैं खुद को शाबाशी देता हूँ क्योंकि उस वक्त मैं डान्स को लेकर उस तरह से फील नहीं करता था जोकि आज मैं लेखन के लिए करता हूँ। वाकई मैं इस बात को मान चुका हूँ की जो होता है अच्छे के लिए ही होता है। फिर उसके बाद मेरी मुलाकात हुई श्री राजेश सर से जोकि फिलहाल भी मेरे इंग्लिश टीचर है। वो हमेशा बच्चों को एक समान समझते है। उन्होंने कभी भी किसी भी बच्चे में भेदभाव नहीं किया है। वो हमेशा से ही बच्चों को एक अलग ही तरीके से मॉटीवेट करते थे, सो ज्यादातर उपन्यास और लेखकों के बारे में ही बात किया करते थे। उनकी बातों को सुनकर मुझे लगने लगा कि क्यों न मैं भी एक उपन्यास लिखने की कोशिश करूँ। और बस वही से मैंने उपन्यास लिखना स्टार्ट कर दिया और धीरे-धीरे मेरी रूचि लेखन में बढ़ने लगी, मुझे लेखन से एक अलग ही तरह का लगाव सा होने लगा जोकि कभी भी मुझे डान्स से नहीं हुआ था। और फिर उसके बाद मेरी मुलाकात एक और टीचर श्री प्रवीण सर से हुई जोकि एक सरकारी टीचर है। जब मैं नवीं कक्षा में था तो तब वो हमें, जब हमारे स्कूल की छुट्टी हो जाती थी तो हमें ऐक्सट्रा पढ़ाने के लिए आते थे, वो एक मैथस टीचर है और मैं सबसे ज्यादा मैंथ्स में ही कमजोर हूँ। वो भी बच्चों को एक अलग ही तरीके से मोटीवेट करते थे, पहले ही दिन से वे मुझे बहुत ही अच्छे लगने लगे थे और फिर कुछ दिनों के बाद उन्होंने मुझसे एक ऐसी बात भी कही थी जिसे सुनकर मुझे खुद पर और ज्यादा विश्वास होने लगा था। और जब मैं ग्यारवीं कक्षा में पहले ही दिन स्कूल पहुँचा तो मेरी मुलाकात एक और टीचर श्री अमन सर से हुई, जोकि एक बॉयोलोजी टीचर है। जब उन्हें पता चला कि मैंने एक उपन्यास लिखा हैं तो उन्होंने मेरा हौसला

बढ़ाने में कोई कसर नहीं छोड़ी। उन्हें देखकर मुझे ऐसा लगता है कि जैसे की वो मेरे बड़े भाई हो। और अब फिलहाल मैं अपने गाँव के पड़ोसी गाँव छज्जूनगर के चौ हीरालाल मेमोरियल सीनियर सैकेण्डरी स्कूल में ग्यारवीं कक्षा में पढ़ता हूँ।

प्रस्तावना

यह किताब खासकर उन लोगों के लिए है जो प्रेम में इस कदर डूब जाते है कि अपने लक्ष्य, अपने सपनों को भूल जाते है। मैं यह भी नहीं कह रहा हूँ कि प्रेम करना गलत है गुनाह है। हाँ, प्रेम करो, लेकिन प्रेम की वजह से अपने लक्ष्य, अपने सपनों को मत छोड़िए। मैं उम्मीद करता हूँ कि इस किताब को पढ़ने के बाद पाठकों की सोच बदल जाए। यह किताब उन लोगों को एक नया रास्ता दिखाएगी की वे चाहे प्रेम में किस भी कदर डूब जाए लेकिन अपने सपनों को न भूले और न ही छोड़े।

टर्निंग पॉइन्ट

कॉलेज में वो मेरा तीसरा दिन था। उस वक्त मैं सुबह–सुबह कॉलेज में था।

'ऐनी कोस्चन?' लैक्चरार ने तेज आवाज में सभी स्टूडेन्ट से कहा।

'यस सर', मैं अपना हाथ ऊपर करते हुए सीट से खड़ा हो गया।

बैठे हुए सभी लड़के लड़कियों की नजर मेरी तरफ घूम गई।

'बताओं' लैक्चरार ने कहा।

'सर ए टू जेड कितनी होती हैं', मैंने हल्की सी हँसी के साथ कहा।

सभी स्टूडेन्ट मेरे इस अजीब से कोस्चन को सुनकर हँसने लगे।

'ये भी भला कोई कोस्चन है?' उन्होंने मेरी तरफ आँखें बड़ी करते हुए कहा।

'सर बता तो दो कितनी होती है।' मैंने फिर से कहा।

'टवेन्टी सिक्स', उन्होंने जवाब दिया।

'गलत जवाब', मैने आवाज लाऊड करते हुए कहा।

'तो महापुरूष जी आप ही बता दीजिए की कितनी होती है।' उन्होंने आईब्रों उचकाते हुए कहा।

'तीन!' मैंने कहा।

सभी हैरानी भरी हँसी से मेरी तरफ देखने लगे।

'तीन कैसे?' उन्होंने हैरानी से कहा।

'सर देखिऐ' ए। एक, टू। दो, जेड। तीन, हुए ना। तीन, मैंने मजाक में हल्का सा हँसते हुए कहा।

सभी लैक्चरार की तरफ देखकर हँसने लगें।

'सिट डाऊन' उन्होंने गुस्से भरी तेज आवाज में कहा।

मैं जल्दी से बैठ गया।

'सूरज क्या हुआ उदास क्यों बैठे हो', मैंने अपने साईड में बैठे हुए लड़के से कहा।

वो लड़का मेरे साथ इलेवन्थ क्लास से ही पढ़ता आ रहा था। और वो मेरा सबसे अच्छा दोस्त था।

'कुछ नहीं बस वैसे ही', उसने धीरे से जवाब दिया।

'अरे भाई बता दे क्या हुआ', मैंने उसके कँधों पर हाथ रखते हुए दोबारा पूछा।

'यार पापा हॉस्पिटल में है।' उसने उदासी भरी धीमी आवाज में कहा।

'क्यूँ क्या हुआ उन्हें', मैंने हैरानी से तुरन्त पूछा। उसने कहा, 'उनकों कैंसर हैं।'

'कब से।' 'मैं अभी कुछ दिन पहले ही तो तुम्हारे घर गया था तब तो वो बिल्कुल ठीक थे', मैंने कहा। 'तुमने पहले तो कभी नहीं बताया मुझे की उनको कैंसर है।'

वो चुप रहा।

'कौन सा कैंसर है उन्हें।'

'ब्लड कैंसर लास्ट स्टेज हैं।' उसने मेरी तरफ नजरे घुमाते हुए कहा।

'कौन से हॉस्पिटल में हैं वो', मैंने पूछा।

'सीटी हॉस्पिटल में' उसने धीरे से जवाब दिया।

'चल अभी हॉस्पिटल चलते हैं।' मैंने अपना बैग उठाकर सीट से खड़े होते हुए कहा।

उसने भी अपना बैग उठाया और मेरे साथ चल दिया।

वो अपनी बाईक पर था मैं अपनी बाईक पर और कुछ ही देर में हम दोनों हॉस्पिटल पहुँच गए।

हम दोनो थर्ड फ्लोर पर रूम नम्बर पंद्रह में पहुँच गए।

रूम में पहुँचते ही मैंने देखा की उसके पापा पेसैन्ट बिस्तर पर लेटे हुए थे, उन्हें देखकर साफ-साफ नजर आ रहा था कि वो अपनी बीमारी के बारे में सोच-सोचकर काफी ज्यादा परेशान थे।

और दूसरी तरफ उसकी मम्मी कुर्सी पर आँखों में आँसू लिए हुए बैठी थी।

उस वक्त उन्हें देखकर मुझे ऐसा लग रहा था जैसे वों कुछ ज्यादा ही दुख भरे हालातों से गुजर रहे थे।

मैं धीरे-धीरे चलते हुए अंकल जी के पास गया।

'नमस्ते अंकल।' मैंने उनके पैर छूते हुए कहा।

'नमस्ते बेटा जी' उन्होंने बहुत ही कमजोर और धीमी आवाज में कहा।

'देखिए अंकल जी आप मेरी बातों का बुरा मत मानिएगा वो तो आपको भी पता है। और मुझे भी पता है कि अब आपकी हालत

बहुत ही नाजुक है। लेकिन आप परेशानी में डूबे हुए मत रहिए। आप इन बचे हुए कुछ दिनों को अपनी फैमली के साथ खुशी–खुशी बिताए ताकि आपकी फैमली आपके जाने के बाद उन यादों को समेट सकें। लेकिन जब आप ही ऐसे निराश चुपचाप बिस्तर पर लेटे हुए रहोगे तो आपकी फैमली तो आपको देखकर और ज्यादा परेशान रहेगी।' मैंने उनको एक नए तरीके से जिन्दगी जीने की कोशिश कराते हुए कहा।

उन्होंने धीरे से गर्दन घुमाते हुए एक नजर आन्टी और सूरज की तरफ देखा और उन्हें देखते ही उनकी आँखों से आँसू टपकने लगे।

'बेटा तुमने सही कहा।' उन्होंने मेरा हाथ थामते हुए कहा।

'सूरज इधर आओ।' उन्होंने सूरज की तरफ इशारा करते हुए कहा।

'जी पापा।' सूरज ने उनका हाथ थामकर आँसू टपकाते हुए कहा।

'बेटा तेरे दोस्त ने सही कहा, ये कुछ दिन हमें खुशी–खुशी बिताने चाहिए।' उन्होंने आँसू भरी आँखों को टिमटिमाते हुए कहा।

'जी पापा।' सूरज ने सिर हिलाते हुए कहा।

'सारदा इधर आओ।' अंकल ने आन्टी की तरफ इशारा करते हुए कहा।

'जी बोलिए!' आन्टी ने उनके करीब आकर आवाज को धीमी करते हुए कहा।

उन्हें देखकर मेरी आँखें भी नम हो गई, उस वक्त मुझे लगा कि हाँ, मैंने सही किया अंकल से ये बात कहकर, मुझे उन्हें देखकर अन्दर ही अन्दर बहुत अच्छा फील हो रहा था।

अंकल जी उन दोनों को अपनी बाँहों में भरकर रोने लगे।

'थैंक्स यार।' सूरज ने आँखों में आँसू लिए मेरे पास आकर कहा।

'इटस ओ.के. यार।' मैंने उसके कंधों को थपथपाते हुए कहा।

'यार तू ग्रेट है', उसने मुझे बाँहों में भरकर दबी हुई आवाज में कहा।

'चल बस कर अब आँसू पोंछ ले', मैंने उसको दूर करते हुए कहा।

'मुझे भूख लग रही है। मेरे लिए खाना ले आ सूरज', अंकल जी ने कहा।

'अभी लाया पापा जी', सूरज ने आँसू पोंछते हुए कहा।

मैं और सूरज कैन्टीन से अंकल जी के लिए खाना ले आए।

सूरज अपने हाथों से अंकल को खाना खिलाने लगा, तभी मेरे फोन की रिंग बजने लगी।

'हैलो।' मैंने थोड़ा साईड में हटकर फोन रिसिव करने के बाद कहा।

'कहाँ पर है तू।' वो मम्मी की आवाज थी।

'कॉलेज में हूँ।' मैंने सफाई से झूठ बोलते हुए कहा।

'तेरे पापा आ गए है। जल्दी से घर आ जा', उन्होंने कहा।

'ठीक है। अभी आया', मैंने कहा। और कॉल कट कर दी।

'सूरज घर से जरूरी फोन आया है। मुझे जाना पड़ेगा।' मैंने कहा।

'ठीक है।' सूरज ने पीछे की तरफ मुड़कर कहा।

मैं हॉस्पिटल से अपनी बाईक लेकर निकला।

मैं जैसे ही घर में अन्दर पहुँचा, मैंने देखा कि पापा अपना एक पैर दूसरे पैर पर रखे हुए सोफे पर बैठकर कप में चाय का मजा ले रहे थे।

मैं जल्दी-जल्दी कदम बढ़ाते हुए उनके पास पहुँचा।

'नमस्ते पापा जी', मैंने उनके पैर छूते हुए कहा।

वो एकदम से मुझे देखकर सरपराईज रह गए।

'अरे रोहन', उन्होंने खुशी के मारे मुझे बाँहों में भरते हुए कहा।

'पापा आप कब आए थे', मैंने उन्हें दूर करते हुए एक छोटी सी स्माईल के साथ कहा।

'बस अभी कोई पंद्रह बीस मिनट पहले', उन्होंने कहा।

'तुम इधर बैठों मैं अभी आया', उन्होनें मुझे सोफे पर बिठाते हुए कहा। और वहाँ से अन्दर रूम में चले गए।

कुछ ही सैकेण्ड बाद वो एक फोन का डब्बा लेकर बाहर निकलें।

'सरपराईज', उन्होनें फोन का डब्बा मेरे हाथ में थमाते हुए कहा।

मैंने देखा की वो एप्पल आईफोन सिक्स था।

'पापा! इतना महंगा फोन क्यों लाए हो आप', मैंने हैरानी से पूछा।

'तुम्हारे लिए।'

'इतना महंगा?' मैंने जल्दी से कहा।

'तो क्या हुआ?'

'नहीं, 'मुझे नहीं चाहिए इतना मंहगा फोन', मैंने फोन का डब्बा वापस उनके हाथ में थमाते हुए कहा।

'चुप-चाप रख ले, किस्तों पर लिया है।', उन्होंने डब्बा वापस मुझे फेरते हुए कहा।

'क्या हुआ किस बात पर शोर हो रहा है।', मम्मी ने बेलन हाथ में लिए हुए हमारे पास आकर कहा।

मम्मी ने बेलन हाथ में इसलिए ले रखा था क्योंकि उस वक्त मम्मी, पापा के लिए रसोई में खाना बना रही थी।

'देख लो अपने लाडले को फोन लेने से इंकार कर रहा है।' पापा ने कहा।

'अरे रख ले ना बेटा', मम्मी ने मुझसे कहा।

'पर मम्मी ये हमारी हैसियत से बहुत ज्यादा मंहगा है।' मैंने मम्मी को समझाते हुए कहा।

'अब ये महंगा है या सस्ता है। अब तो तुझे ये लेना ही पड़ेगा', मम्मी ने कहा।

'अच्छा बाबा रखता हूँ', मैंने पापा मम्मी दोनों से हार मानते हुए कहा।

इतना सुनकर मम्मी वहाँ से दोबारा रसोई की तरफ चली गई।

'पापा बैठ तो जाईए', मैंने उनका हाथ पकड़कर उन्हें सोफे पर बिठाते हुए कहा।

वे सोफे पर बैठ गए और हल्का सा खांसते हुए कहा। 'हाँ तो तुम्हारी बी.एससी की पढ़ाई कैसी चल रही है।'

'अभी तो तीन दिन ही हुए है। अभी तक तो अच्छी चल रही है। मैंने कहा। और आपकी कम्पनी में क्या चल रहा है।

कुछ नहीं बस दिन भर बॉस सिर्फ काम बताते रहते है।

'आप और आपके बॉस जिस काम के लिए गोवा गए थे, वो हो गया? मैंने पूछा।

'हाँ-हाँ, वो तो हो गया।'

'मेरा मन ये कर रहा है कि हमें ये इलाहाबाद छोड़कर, गोवा रहने के लिए चले जाना चाहिए, और अभी तो तुम्हारा वहाँ पर

कॉलेज में एडमिशन भी हो जाएगा।' उन्होंने एक छोटी सी हिचकी लेते हुए कहा।

'नहीं पापा नहीं।'

'पर क्यों?'

'जब इतने सालों से हम यहीं रह रहे है। तो अब रहने में क्या है', मैंने थोड़ा गुस्सा जताते हुए कहा।

'ठीक है, ठीक है। यहीं रहेंगे', उन्होंने कहा। 'मैं ये थोड़ी ना कह रहा हूँ कि हमें वहाँ पर जाना ही होगा। अगर तुम्हारा मन नहीं है तो नहीं जाएँगें, बस।'

तभी मम्मी हमारे लिए खाना ले आई, मैंने और पापा ने खाना खा लिया।

शाम को मैं घर से बाहर टहल रहा था तभी मेरे फोन की रिंग बजी।

मैंने देखा कि वो सूरज की कॉल थी।

'हैलों', मैंने फोन पिकअप करने के बाद कहा।

'कहाँ पर है तू', उसने कहा।

'घर पर हूँ।'

'कल कॉलेज आएगा तू?' उसने कहा।

'हाँ, क्यूँ क्या हुआ?'

'कुछ बात करनी है तुझसे', उसने कहा।

'हाँ तो बोल।'

'नहीं अभी नहीं कल कॉलेज में ही बता दूँगा', उसने कहा।

'ठीक है, जैसी तेरी मर्जी', मैंने कहा। और कॉल कट कर दी।

अगले दिन जब मैं कॉलेज पहुँचा।

'और, क्या हाल है', मैंने सूरज से हाथ मिलाते हुए कहा।

'बस ठीक हूँ तू बता, उसने हाथ मिलाते हुए जवाब दिया।

'कल फोन पर किस बात के बारे में जिक्र कर रहा था तू', मैंने कहा।

'अभी बताता हूँ एक सैकेण्ड।' उसने कहा और अपनी पेन्ट की जेब में हाथ डाला।

'ये ले, ये पापा ने तेरे लिए दिया है', उसने अपनी पेन्ट की जेब से एक पैन निकालकर मुझे देते हुए कहा।

मैंने उस पैन को लेने के बाद कहा, 'किसलिए है ये।'

'कल उन्हें तेरी बातें बहुत पसंद आई, इसलिए,' उसने कहा। 'ये उनकी तरफ से तेरे लिए तोहफा है।'

मैंने पैन को देखकर छोटी सी स्माईल दी।

'मैं छोटा सा था तबसे मैं ये पैन उनके साथ ही देखता आ रहा हूँ उन्होंने कभी भी इस पैन को अपने आप से दूर नहीं होने दिया और अगर मैं कभी भी उनसे इस पैन के बारे में जिक्र करता था तो वो कहते थे कि ये पैन उनके लिए लक्की है', उसने बड़े ही गर्व से कहा।

'तो फिर उन्होंने ये पैन मेरे लिए क्यों दे दिया।'

'मैंने भी बिल्कुल यहीं सवाल किया था उनसे, लेकिन उन्होंने कहा की अब इस पैन का मेरे साथ रहने ना रहने से कोई फर्क नहीं पड़ता', उसने कहा। 'उन्हें तुझ में कुछ खास नजर आया इसलिए उन्होंने ये तुम्हारे लिए दे दिया।'

'उनसे कह देना की उनका ये गिफ्ट मुझे बहुत अच्छा लगा', मैंने हमदर्दी जताते हुए कहा।

मैंने वो पैन अपनी पेन्ट की जेब में रख लिया और हम दोनों अपनी बी.एससी मेडिकल क्लास में जा पहुँचे।

कुछ ही सैकेण्ड में लैक्चरार रूम में आए उनके क्लास में आते ही सभी गुडमोर्निंग कहते हुए खड़े हो गए।

'गुडमोर्निंग सिटडाऊन', लैक्चरार ने कहा।

सभी बैठ गए। लैक्चरार हमारी अटेन्डेन्स ले ही रहे थे तभी एक खूबसूरत सी लड़की हमारे रूम के दरवाजें पर आ खड़ी हुई।

'में आई कम इन सर', उस लड़की ने अपनी पतली आवाज के साथ शराफत से पूछा।

'यस, कम इन', लैक्चरार ने कहा।

उस वक्त उस लड़की ने सफेद रंग के कुर्ती सलवार पहने हुए थे, वो धीरे से क्लास में अन्दर आई।

मैंने ध्यान दिया की सभी लड़के लड़कियाँ उसकी तरफ गौर से देखे जा रहे थे जिसमें से एक मैं भी था।

मेरी नजर उसी पर टिकी हुई थी तभी लैक्चरार ने कहा 'बेटी क्या नाम है तुम्हारा?'

'नेहा', उसने जवाब दिया।

'ओके. टेक योर सीट', लैक्चरार ने कहा।

और नेहा हमारी लाईन से दूसरी लाईन में तीसरी बैंच पर पूजा के साथ बैठ गई।

मैं तब भी लैक्चरार की नजरों से बचने के लिए, अपने आगे बैठे हुए लड़के की ओट में छिप-छिपकर ऩेहा की तरफ देख रहा था लेकिन वो पूजा के साथ बातों में लगी हुई थी।

'अरे क्या हुआ भाई', सूरज ने फुसफुसाते हुए मुझसे एक छोटी सी हँसी के साथ कहा।

'कुछ नहीं', मैंने फुसफुसाते हुए उससे नजर छुपाकर कहा।

'अरे भई वो तो मुझे भी पता है कि तेरी नजर कहाँ है', उसने फुसफुसाते हुए हल्की सी हँसी के साथ कहा।

मैं थोड़ी शर्म महसूस करते हुए मुस्कुराने लगा।

'उस नई लड़की, नेहा को ही देख रहा था ना तू?' उसने मुस्कुराते हुए कहा।

'हाँ', मैंने भी मुस्कुराते हुए कहा।

'कैसी लगी तुझे वो?' उसने धीमी आवाज में मुझसे पूछा।

'अच्छी', मैंने धीमी आवाज में कहा।

'अच्छी या बहुत अच्छी?' उसने एक छोटी सी हँसी हँसते हुए पूछा।

मैं धीमी आवाज में हँसने लगा।

'अब तू ज्यादा मजा मत ले मेरी इस बात का', मैंने कहा।

'ओ.के. भाई सॉरी', उसने कहा।

और वहीं दूसरी तरफ हमारे लैक्चरार ने कैमिस्ट्री का लेक्चर देना स्टार्ट कर दिया।

सभी का ध्यान उनकी तरफ खिंच गया, नेहा भी गौर से उनकी तरफ देखने लगी।

लेकिन मेरी आँखें कभी नेहा को देखती तो कभी लैक्चरार को, लेकिन नेहा ने एक बार भी मेरी तरफ नहीं देखा।

कुछ देर सिलसिला ऐसे ही चलता रहा।

'ऐनी कोस्चन?' लैक्चरार ने कहा।

मी सर, मी सर, मी सर, क्लास के चार पाँच लड़के ये कहते हुए खड़े हो गए।

मैंने गौर किया की उन खड़े हुए लड़कों की नजर छुप–छुपकर नेहा को देख रही थी और मैं मन ही मन सोच रहा था कि ये लड़के पहले तो कभी भी लैक्चरार से कुछ भी पूछा नहीं करते थे, आज वो भी एक साथ कैसे खड़े हुए है। मेरा मन ये कह रहा था कि वो जरूर नेहा को इम्प्रेस करने के लिए खड़े हुए थे।

सभी लड़के लड़कियाँ उनकी तरफ देखने लगे।

'बोलो क्या कोस्चन है', लैक्चरार ने कहा।

'सर ऐनी कोस्चन का मतलब क्या होता है', पहले लड़के ने कहा।

ऐनी कोस्चन को सुनते ही सभी हँसने लगे, मेरी नजर हँसते हुए नेहा पर गई जो हँसती हुई बहुत ही प्यारी लग रही थी लेकिन उसने अब तक एक बार भी मेरी तरफ नहीं देखा था।

'तुम सब के पास ऐसे फालतू के कोस्चन ही होते है', लैक्चरार ने कहा। 'मेरे पास ऐसे फालतू कोस्चन के जवाब नहीं है', उन्होंने थोड़ा गुस्से मे कहा।

'सर आपने फिर से वही कोस्चन शब्द बोल दिया, आखिरकार इस कोस्चन का मतलब होता क्या है', उस लड़के ने फिर से पूछा।

सभी ओर जोरो से हंसने लगे।

'आदरणीय विद्यार्थियों कृपा करके बैठ जाओं', लैक्चरार ने हार मानते हुए कहा।

वो चारों पाँचों लड़के हंसते हुए बैठ गए।

और जब कॉलेज की छुट्टी हुई तो सभी लड़के लड़कियाँ क्लास से बाहर निकल रहे थे, मैं तब भी नेहा को ही देखे जा रहा था लेकिन वो मुझे देखें बिना ही निकल गई।

मैं और सूरज कॉलेज से बाईक लेकर घर की तरफ निकल ही रहे थे तभी कॉलेज के बाहर मुझे नेहा दिखाई दी, मैं बाईक रोककर उसकी तरफ देखने लगा लेकिन वो मुझे नजरअन्दाज करते हुए ऑटो में बैठकर चली गई।

'अरे चली गई वो', सूरज ने जल्दी से कहा।

मैंने जल्दी से बाईक ऑटो के पीछे लगा दी।

'रोहन बाईक थोड़ी तेज भगा', सूरज ने कहा। 'बाईक को बिल्कुल ऑटों के साईड में लगा दे।'

मैंने बाईक की रफ्तार बढ़ाई और बाईक बिल्कुल ऑटों के साईड में लगा दी।

सूरज ने जल्दी से ऑटों में अन्दर झाँका। 'रोहन बैठी है', उसने बिल्कुल मेरे कान के पास आकर धीमी आवाज में कहा।

मैंने ऑटों में एक नजर डाली, नेहा ने मुझे देखते ही तुरन्त अपनी नजरे घुमा ली। तभी हमारे सामने एक कार आ गई जिसकी वजह से मुझे बाईक की रफ्तार धीमी करनी पड़ी और उसी दौरान ऑटों हमसे आगे निकल गया।

तभी तुरन्त वहाँ पर सात आठ ऑटो इक्टठा हो गए, मैं कन्फ्यूज हो गया कि वो वाला ऑटों कौन सा था।

'रोहन कौन सा ऑटों था वो', सूरज ने कहा।

'पता नहीं यार ये तो सारे एक जैसे ऑटों हो गए है।'

हमने कई ऑटों में झाँका लेकिन हमें वो वाला ऑटों नहीं दिखाई दिया हम और ऑटों में चैक कर ही रहे थे तभी चौराहा

आ गया और वहाँ से वो सारे ऑटों अलग-अलग रास्तों पर चले गए।

'सिट यार', मैंने बाईक रोकते हुए कहा।

'चल कोई नहीं कल तो आएगी वो कॉलेज में, तब देख लेंगे उसके घर को', उसने मेरे कंधे पर हाथ रखते हुए कहा।

'हाँ सही कहा तूने', मैंने कहा।

मैंने बाईक घुमाई और हम घर की तरफ चल दिए, मैं सूरज को उसके घर छोड़कर अपने घर पहुँचा, सूरज उस दिन अपनी बाईक लेकर नहीं आया था इसलिए वो कॉलेज से मेरे साथ आया था।

मैं बाईक खड़ी करके घर में अन्दर पहुँचा।

मैंने देखा की मामा जी और मम्मी बाहर सोफे पर बैठे हुए बातें कर रहे थे।

मैंने जाकर मामा जी के पैर छुए।

'और सुनाओं भांजे राजा', उन्होंने कहा।

'मैं ठीक हूँ बस आप सुनाईए।'

'हम भी ठीक है आओ बैठो', उन्होंने सोफे की तरफ इशारा करते हुए कहा।

मैं सोफे पर बैठ गया।

'कौन से कॉलेज में एडमिशन लिया है तूने', उन्होंने गला साफ करते हुए कहा।

'जवाहर लाल नेहरू कॉलेज में', मैंने कहा।

'तुम दोनों बातें करो मैं अभी आती हूँ', मम्मी ने कहा। और वहाँ से उठकर रसोई की तरफ चली गई।

'बी.एससी में एडमिशन लिया है तूने?' उन्होंने कहा।

'जी मामा जी।'

'और पढ़ाई कैसी चल रही है तेरी', उन्होंने कहा।

हाँ पढ़ाई तो अच्छी चल रही है, मैंने कहा और हाँ, सोनू क्या कर रहा है आजकल, कौन से कॉलेज में एडमिशन लिया है उसने।

सोनू मेरे मामाजी का लड़का है, जो मेरे सामने बैठे थे।

वो मुझसे सिर्फ तीन महीने बड़ा था वो दसवीं क्लास तक यही इलाहाबाद में मेरे साथ ही पढ़ा था।

'उसका तो पूछों ही मत', उन्होंने कहा। 'उसने तो दिन रात सिर्फ एक ही रट लगा रखी है, कि मुझे तो सिंगर ही बनना है।'

'तो क्या हुआ', मैंने बड़ी ही आसानी से कहा।

'तो क्या हुआ?' उन्होनें बड़ी ही हैरानी से कहा। 'वो अपना केरियर खराब कर रहा है अब तो उसका पढ़ाई में भी मन नहीं है।'

मैंने मामा जी से पूछा, 'आप मुझे ये बताईए आपने कभी भी उसको गाना गाते हुए सुना है।' 'वो बहुत अच्छा गाता है।'

'हाँ वो कहता रहता है कि पापा एक बार मेरा गाना सुन लो, लेकिन मैं हमेशा मना कर देता हूँ।'

'मैंने अभी कोई सात आठ दिन पहले फेसबुक पर उसकी एक विडियों देखी थी', मैंने कहा। 'वो उस विडियों में बहुत अच्छा गा रहा था, आप एक बार उसको चान्स देके तो देखिए।'

'चान्स तो दे दूँगा मैं उसे', उन्होंने कहा। 'लेकिन मुझे डर है कि कहीं अगर वो सिंगर नहीं बन पाया तो।'

'मामा जी मैं पूरे विश्वास के साथ कह सकता हूँ कि जैसी उसकी आवाज है और जिस तरह से वो गाता है वो एक दिन जरूर सिंगर बन जायेगा। आप एक बार उसे जिन्दगी, उसके तरीके से जीने तो दीजिए, और फिर देखिए।'

उन्होंने सिर हिला दिया।

'लीजिए भैया, चाय पी लीजिए', मम्मी ने ट्रे में दो कप चाय और साथ में बिस्किट लिए हुए हमारे पास आकर कहा।

मैंने और मामाजी ने चाय के कप उठा लिए और बिस्किट डुबो–डुबो कर चाय पीने लगे।

मम्मी वहीं सोफे पर बैठ गई। 'क्या बातें चल रही है मामा भाँजे में', उन्होंने हल्का सा हँसते हुए कहा।

मामा जी ने चाय की एक चुस्की ली और कहा। 'कुछ नहीं बस इसकी पढ़ाई के बारे में पूछ रहा था।'

'सोनू ने कौन से कॉलेज में एडमिशन लिया है', मम्मी ने मामा जी से पूछा।

'उसे तो बस सिंगर बनने का शौक चढ़ रहा है', मामा जी ने कहा। लेकिन अब मेरा भी मन कर रहा है कि अब उसे एक चांस तो देना चाहिए।

'हाँ भैया, उसका जो मन है उसे वो करने दो', मम्मी ने कहा। और आपकी ड्यूटी कैसी चल रही है।

'हाँ ड्यूटी तो अच्छी चल रही है, उन्होंने चाय की एक और चुस्की लेने के बाद कहा। 'जीजा जी कब आएँगे दीदी?'

'वो तो शाम को सात बजे तक आएँगे', मम्मी ने कहा।

'अच्छा तो दीदी चलता हूँ मैं', उन्होंने बची हुई चाय एक ही घूंट में पीकर खाली कप टेबल पर रख कर, खड़े होते हुए कहा।

'इतनी जल्दी?' मम्मी ने तुरन्त खड़े होते हुए कहा।

'मामा जी इतनी जल्दी?' मैंने जल्दी से चाय पीकर खाली कप टेबल पर रखकर खड़े होते हुए कहा।

मामा जी ने अपनी हाथ की घड़ी की तरफ देखा और कहा। 'अब काफी देर हो चुकी है मुझे चलना चाहिए।'

हम मामा जी को घर के बाहर तक छोड़ने के लिए गए, उन्हें घर के बाहर छोड़ने के बाद, मैं अपने रूम में पहुँचकर बैड पर लेट गया, मुझे उस वक्त नेहा की बार-बार याद आ रही थी आँखें बन्द करते ही मुझे वहीं दिखाई दे रही थी बस ऐसा लग रहा था कि नेहा अभी मेरे सामने आ जाए और मैं उससे अपने दिल की बात कह दूँ, लेकिन वो सब कुछ इतना आसान नहीं था क्योंकि अभी तक तो वो ये भी नहीं जानती थी कि मैं कौन हूँ, और वैसे भी कोई भी लड़की किसी भी लड़के से इतनी जल्दी इमप्रेस नहीं होती। मुझे इन्तजार था कि वो दिन कब आएगा। जब मैं नेहा से और नेहा मुझसे अपने-अपने दिल की बात कह देंगे। लेकिन अभी तक प्यार सिर्फ एक ही तरफ से था वो भी मेरी। मुझे यकीन नहीं हो रहा था कि मुझे एक ही झलक में किसी अनजान लड़की से प्यार हो गया था ये सब कुछ एक फिल्म की तरह हुआ था जिस तरह फिल्म में हीरो को हीरोईन को देखते ही प्यार हो जाता है। ऐसा ही बिल्कुल मेरे साथ हुआ था। ना जाने कब मुझे नेहा के बारे में सोचते-सोचते नींद आ गई मुझे पता ही नहीं चला और मैं सो गया।

'रोहन उठो बेटा', पापा ने मुझे झंझोड़ते हुए कहा।

'जी पापा', मैंने नींद भरी आवाज में आँखें झपकाते हुए कहा।

'आज दिन में कैसे सो गए तुम', उन्होंने कहा।

'पता नहीं आज कैसे नींद आ गई', मैंने बैठकर आँखें मलते हुए कहा।

'जल्दी आ जा खाना लगा दिया है तेरी मम्मी ने', उन्होंने रूम से बाहर जाते हुए कहा।

मैं अपने बिस्तर से खड़ा हुआ और सबसे पहले घर की छत पर गया, मैंने देखा कि हल्का–हल्का अंधेरा हो चुका था, मुझे उस वक्त बहुत अच्छा फील हो रहा था मैं तब भी इधर–उधर घूमते हुए नेहा के बारे में सोचने लगा। बस इन्तजार था कि कब मैं नेहा को अपने सामने देखूँगा, तभी घर में नीचे से एक आवाज आई।

'रोहन आजा खाना खा ले', पापा ने तेज आवाज में कहा।

'अभी आया', मैंने भी तेज आवाज में जवाब दिया, और मैं नीचे चला गया।

हम तीनों टेबल पर बैठकर एक साथ खाना खाने लगे।

मैं खाना खा तो रहा था लेकिन मेरा सारा ध्यान नेहा को याद कर रहा था।

'क्या हुआ रोहन', मम्मी ने कहा।

'मैं कुछ समझा नहीं', मैंने हैरानी से कहा। मतलब?

'मतलब की ये, मैं देख रही हूँ कि जबसे तुम कॉलेज से आये हो तबसे किसी सोच में डूबे हुए हो।'

मैं उनकी ये बात सुनकर खाते हुए रूक गया और हँसते हुए कहा, 'नहीं मैं तो किसी भी सोच में नहीं डूबा हुआ हूँ।'

'अगर बेटा कोई दिक्कत है तो बता दो', पापा ने कहा।

'नहीं पापा जी ऐसा कुछ भी नहीं है', मैंने जल्दी से कहा।

'अगर है कोई बात, तो बता दे', पापा ने फिर से पूछा।

'पापा जी मैं कह रहा हूँ ना, कोई बात नहीं है।' आप खामखा ही परेशान हो रहे हो।

'ओ.के. खाना खा लो', उन्होंने कहा। शायद हमें ही कोई गलत फैमी हो गई होगी।

खाना खाने के बाद मैं अपने रूम में चला गया। और बैड पर लेट गया।

'बस अब तो कल का इंतजार है', मैंने तकिए को बाँहों में भरकर मुस्कुराते हुए अपने आप से कहा।

तभी कुछ ही देर बाद मुझे मेरे रूम के दरवाजे पर किसी के खटखटाने की आवाज आई।

'कौन?' मैंने कहा।

'मैं हूँ बेटा, दरवाजा खोल', वो मम्मी की आवाज थी।

मैंने बैड से उठकर दरवाजा खोल दिया, मैंने देखा कि मम्मी मेरे लिए एक ग्लास दूध लेकर आई थी।

'ले दूध पी लेना', उन्होंने मेरे हाथ में दूध का गिलास थमाते हुए कहा।

'ठीक है मम्मी।'

'ध्यान करके पी लेना कभी सो जाओ।'

'ठीक है मम्मी', मैंने दरवाजा बन्द करते हुए कहा।

मैंने दूध का गिलास टेबल पर रख दिया और बेड पर लेट गया। उस वक्त रूम में इतनी शान्ति थी कि मैं अपनी साँस लेने की आवाज आराम से सुन सकता था, मैंने कुछ देर बाद उठकर दूध पी लिया और दोबारा बेड पर लेट गया, मैं दिन में सो चुका था इसलिए मुझे नींद नहीं आ रही थी मैं बार-बार करवट लेते हुए नेहा के बारे में सोच रहा था और कुछ देर बाद में एक नॉवल पढ़ते-पढ़ते सो गया, मैं उस नॉवल को कई दिनों से पढ़ रहा था मुझे नॉवल पढ़ना

बहुत पसंद है। कुछ दिनों से मैं खुद भी एक नॉवल लिखने के बारे में सोच रहा था।

अगले दिन मेरी जल्दी आँखें खुल गई थी जिसका फायदा उठाते हुए मैं जल्दी कॉलेज पहुँच गया। जब मैं कॉलेज पहुँचा मैंने देखा कि कॉलेज में मेरे अलावा सिर्फ कुछ और लड़के लड़कियाँ थी, मैंने अपना बैग क्लास रूम में रख दिया और क्लास के बाहर आकर कॉलेज के गेट की तरफ देखते हुए नेहा का इतंजार करने लगा। उस वक्त मैं नेहा का बेसब्री से इन्तजार करने लगा कुछ देर बाद लड़के लड़कियाँ धीरे-धीरे कॉलेज में आने लगे, मैं तब भी क्लास के बाहर नेहा का इंतजार करता रहा, कुछ ही देर बाद मुझे सूरज दिखाई दिया, वो मेरी ही तरफ आ रहा था।

'अरे भई किसका इंतजार हो रहा है', उसने मेरे पास आकर कहा।

'नेहा का', मैंने दबी हुई आवाज में कहा।

'क्यूँ अभी तक आई नहीं है वो?' उसने कहा।

'नहीं अभी तक तो नहीं आई।'

'चल आजा क्लास में अन्दर चल, उसने कहा। शायद किसी वजह से लेट हो गई होगी, आ जायेगी।'

हम दोनों क्लास में अन्दर चले गए, मैंने काफी देर नेहा का इन्तजार किया मैं बार-बार आगे की खाली बेन्चों की तरफ देखता रहा और देखते ही देखते काफी वक्त बीत चुका था लेकिन वो नहीं आई। उस वक्त मेरा मूड ऑफ हो चुका था तभी मेरे फैव्रेट इंग्लिश टीचर, मिस्टर राजेश सर क्लास रूम में अन्दर आए, सभी गुडमोर्निंग कहते हुए खड़े हो गए, वे कई दिनों की छुट्टी पर रहने के बाद कॉलेज आए थे।

'गुडमोर्निंग सिटडाऊन', उन्होंने कहा।

सभी बैठ गए।

उन्होंने वाईट बोर्ड पर एक नरेशन लिख दिया।

'विजय खड़े हो जाओ, और इसे करके दिखाओं', उन्होंने कहा।

विजय ने वो नरेशन गलत बना दिया, और फिर उन्होंने बारी-बारी से कई लड़के लड़कियों से पूछा जिसमें से मेरा भी गलत था।

'सच-सच बताना स्कूल टाईम में बहुत बार पढ़े है ना तुमने ये नरेशन?' लेक्चरार ने कहा।

'यस सर', सभी लड़के/लड़कियों ने एक साथ कहा।

बैठ जाओ सभी, उन्होंने निराश होकर हाथ का इशारा करते हुए कहा।

सभी बैठ गए।

'देखों इस तरह तो तुम ये नरेशन नहीं सीख पाओगे। क्योंकि तुम खुद ही नहीं सीखना चाहते हो', लैक्चरार ने कहा। जब तक तुम्हारा मन नहीं कहेगा कि हमें ये काम करना है तब तक तुम वो काम नहीं कर पाओगें। तुम्हें एक उदाहरण देता हूँ।

सभी चुप रहे किसी ने कुछ नहीं कहा।

'एक छोटा सा बीज एक दिन बहुत बड़े वृक्ष में बदल जाता है।' लैक्चरार ने कहा। 'लेकिन तब जब वो खुद चाहे। ऐसे ही तुम सब ने पहले से ही ये सोच रखा है कि हम से नहीं होगा। तो वो फिर होगा ही नहीं और अगर वो छोटा सा बीज ये सोचे की मैं हूँ तो इतना सा, भला मैं इतना बड़ा वृक्ष कैसे बन सकता हूँ तो वो फिर छोटा सा ही रह जाएगा। मैं ये कहना चाहता हूँ कि तुम लोग किसी काम को करने से पहले ही ये मत सोचा करो की ये काम तो हमसे होगा ही

नहीं, कोशिश करो, मेहनत करो, और देख लेना एक दिन वो जरूर हो जायेगा। यानि कि यहीं तक सीमित मत रहो, चील की तरह आसमान की ऊँचाईयों में उड़ान भरने की कोशिश करो। मोर की तरह यही जमीन तक सीमित मत रह जाओ अपने मन से उस काम को स्वीकार कर लो और तब तक उस काम को करते रहो जब तक तुम्हें उस काम में कामयाबी नहीं मिल जाती।'

उनकी ये बात मुझे बहुत अच्छी लगी, मैंने तभी मन ही मन ये सोचा की क्यों ना आज से ही मैं नॉवल लिखना स्टार्ट कर दूँ क्योंकि मैं कई दिनों से खुद का नॉवल लिखने के बारे में सोच रहा था।

कॉलेज की छुट्टी के बाद मैं अपने घर पहुँचा।

'रोहन खाना लेके आऊँ', मम्मी ने कहा।

'नहीं अभी नहीं। बाद में', मैंने कहा और इतना कहकर मैं अपने रूम में चला गया।

रूम में पहुँचकर मैंने अपने रूम का दरवाजा बन्द कर दिया, और अपनी अलमारी में से एक कॉपी और पैंन निकालकर बैड पर जाकर बैठ गया, मैंने अपनी आँखें बन्द की और दिमाग पर जोर डालते हुए एक अच्छे नॉवल की स्टोरी सोचने लगा, मैं बार-बार दिमाग पर जोर डाल रहा था लेकिन मुझे कोई आइडिया नहीं आया, मैंने काफी देर दिमाग पर जोर डाला, कई बार कुछ स्टोरी मेरे दिमाग में आई भी लेकिन वो मुझे नॉवल के लायक नहीं लगी, मैंने कॉपी पैन उठाकर बैड के साईड में रखी हुई टेबल पर रख दिए और आराम से लेटकर दोबारा स्टोरी के बारे में सोचने लगा लेकिन मुझे कोई अच्छी स्टोरी नहीं सूझ रही थी तभी मेरे रूम के बाहर से आवाज आई।

'रोहन खाना लेके आऊँ, वो मम्मी की आवाज थी

'ठीक है ले आओ', मैंने कहा। और बैड से उठकर दरवाजा खोल दिया।

वे मेरे लिए खाना ले आई, मैंने खाना खा लिया।

और फिर रात को मैं अपने रूम में लेटे हुए नॉवल पढ़ रहा था, मैंने कुछ देर वो नॉवल पढ़ने के बाद रख दिया। और वहाँ पर रखे हुए कॉपी पैन उठा लिए, मैं बैठ गया और एक अच्छी स्टोरी के बारे में सोचने लगा लेकिन स्टोरी के बारे में सोचते-सोचते में नेहा के ख्यालों में खो जाता था फिर मैं कई बार नेहा के ख्याल को भुलाकर अपनी स्टोरी पर ध्यान केन्द्रित करने की कोशिश करता लेकिन मैं तब भी नेहा के ख्यालों को अपने दिमाग में आने से रोक नहीं पाया और उसके ख्यालों में खो गया उस वक्त मैं नेहा को बहुत मिस कर रहा था उसके बारे में सोचते-सोचते ही मैं सो गया।

अगले दिन जब मैं कॉलेज में क्लास रूम में पहुँचा मैंने देखा की तब तक लैक्चरार क्लास में नहीं आए थे और सूरज मेरी पीछे की बैन्च पर बैठे हुए इंतजार कर रहा था। मैं जल्दी से इधर-उधर नजर घुमाते हुए नेहा को ढूँढने लगा लेकिन मुझे वो कहीं दिखाई नहीं दी, मैं आराम से चलते हुए सूरज के पास जाकर बैठ गया।

सभी लड़के लड़कियों के बात करने की वजह से क्लास में शोर गूंज रहा था।

'अरे रोहन, आ गया तू', सूरज ने कहा।

'यार नेहा आज भी नहीं आई', मैंने कहा।

'हाँ यार अभी तक तो आई नहीं है', उसने कहा।

तभी नेहा नीले रंग की कुर्ती और लाल रंग की सलवार पहने हुए क्लास में अन्दर आई, तुरंत मेरी नजर उसकी तरफ गई, मुझे उस

वक्त ऐसा लग रहा था कि मानो मैं कितने दिनों बाद उसे देख रहा हूँ लेकिन उसने नजर भर भी मेरी तरफ नहीं देखा, वो थर्ड बेन्च पर आकर पूजा के साथ बैठ गई मैं उसकी तरफ देखें ही जा रहा था।

'ऐसे देखने से तो कुछ भी नहीं होने वाला है', सूरज ने कहा। 'तू तो सिर्फ उसे देखता ही रह जाएगा और तुझसे पहले कोई और उसे तुझसे चुरा ले जाएगा।'

मैं चुप रहा, और मन ही मन सोचने लगा की ये कह तो सही रहा है। ऐसे इसे देखने से तो कुछ भी नहीं होने वाला।

मैं हिम्मत करके अपनी बैन्च से खड़ा हुआ और हिम्मत करते-करते नेहा के पास गया।

सभी लड़के लड़कियाँ मेरी तरफ देखने लगे।

'क्या नाम है आपका', मैंने बड़ी ही सरलता से पूछा।

'नेहा। क्यूँ क्या बात है', उसने थोड़ा गुस्से में कहा।

मेरा दिल डर के मारे जोरो से धड़कने लगा।

'मुझे आपसे फ्रैन्डशिप करनी है', मैंने डर के मारे लड़खड़ाती हुई आवाज में कहा।

'एक झापट मारूँगी तेरे गाल पे, सारी फ्रैन्डशिप भूल जाएगा', उसने गुस्से भरी तेज आवाज में बेन्च से खड़े होकर कहा। 'चल निकल यहाँ से।'

सभी लड़के लड़कियाँ मेरी तरफ देखकर तेज-तेज हँसने लगे। मुझे उसके ये लब्ज सुनकर बहुत बुरा लगा। मैं उदास मन से अपनी सीट पर आकर बैठ गया।

तभी लैक्चरार रूम में आ गए।

'गुडमोर्निंग सर', सभी ये कहते हुए खड़ें हो गए।

'गुडमोर्निंग, सिट डाऊन', लेक्चरार ने कहा।

सभी बैठ गए।

उस वक्त मुझे बहुत बुरा लग रहा था, मैंने ये बिल्कुल भी नहीं सोचा था कि नेहा मेरे साथ इस तरह का बर्ताव करेगी तभी मेरा घर जाने का मन किया। पहला पीरियड खत्म होते ही मैं अपना बैग लेकर क्लास से बाहर निकल गया, तभी सूरज मेरे पीछे दौड़ते हुए आया।

'रूक कहाँ जा रहा है तू', उसने मेरे पास आकर कहा।

'घर', मैंने रूककर कहा।

'क्यों?'

'यार नेहा ने मेरा मूड ऑफ कर दिया इसलिए अब मैं घर जा रहा हूँ।'

'चल ठीक है तो', उसने कहा। 'मैं शाम को तेरे से फोन पर बात करूँगा।'

'ओके', मैंने कहा। और इतना कहकर मैं बाईक लेकर घर की तरफ निकल गया।

घर पहुँचकर मैंने देखा की उस वक्त मम्मी झाड़ू लगा रही थी। उन्होंने मेरी तरफ देखा और कहा। 'अरे आज इतनी जल्दी कैसे आ गया तू।'

'बस वैसे ही कॉलेज में मन नहीं लग रहा था इसलिए आ गया, मैंने कहा।' और इतना कहकर मैं अपने रूम में चला गया।

मैं बैड पर लेटे हुए बार-बार ये सोच रहा था कि आखिरकार नेहा ने मुझसे इस तरह का बर्ताव क्यों किया। मैंने तो सिर्फ उससे फ्रैन्डशिप करने के लिए ही तो कहा था। और वो इतनी सी ही बात पर मुझ पर इतना भड़क गई।

मैंने जो कुछ भी नेहा और अपने बारे में सोच रखा था वो सपने मुझे उस वक्त फेल होते हुए नजर आ रहे थे।

शाम को मैं घर की छत पर इधर-उधर घूमते हुए नेहा के बारे में सोच रहा था तभी मेरे फोन की रिंग बजी।

मैंने देखा की वो सूरज की कॉल थी।

'हाँ बोल सूरज', मैंने कॉल रिसीव करने के बाद कहा।

'तू सुबह वाकई नेहा वाली बात से ही अपसेट होकर चला गया था घर?' उसने कहा।

'हाँ यार सुबह मूड ऑफ कर दिया था उसने मेरा', मैंने कहा, यार मैंने सिर्फ दोस्ती करने के लिए ही तो कहा था।'

'चल कोई नहीं, पहले तू मेरी एक बात सुन', उसने कहा।

नेहा ने जो तुझसे सुबह कॉलेज में कहा था ना, उसने कहा। अगर उसे उस बात का जरा सा भी पछतावा होगा तो वो जरूर तुझसे कल उसके लिए कॉलेज में माफी माँगेगी, और अगर नहीं होगा तो नहीं माँगेगी।

'यार मुझे तो नहीं लगता कि वो मुझसे माफी माँगेगी।'

'चल, वो तो कल ही पता चल जाएगा।' उसने कहा।

'ओके कल कॉलेज में मिलते है', मैंने कहा। और इतना कहकर मैंने कॉल कट कर दी।

रात को मैं अपने बैड पर लेटे हुए नॉवल के लिए एक अच्छी स्टोरी के बारे में सोच रहा था, तभी मुझे एक अच्छी स्टोरी का सुझाव आया मैंने तुरन्त कॉपी पैन उठाए और स्टोरी लिखना स्टार्ट कर दिया, मैंने ज्यादा से ज्यादा दो तीन पेज ही लिखे थे तभी मुझे नींद आ गई।

सुबह को मैं घर से बाईक लेकर कॉलेज की तरफ निकल गया, कॉलेज में पहुँचकर मैं बाईक खड़ी करके क्लास रूम की तरफ जा ही रहा था तभी अचानक मेरे सामने नेहा आ गई।

'कल के लिए सॉरी यार', उसने कहा। 'उसमें मेरी ही गलती थी, कल मैंने तुम्हें कुछ ज्यादा ही बोल दिया था।'

'इट्स ओके', मैंने कहा। 'उसमें तुम्हारी ही नहीं बल्कि मेरी भी गलती थी।'

उसने मेरी बात काटते हुए कहा। 'चलो जो हुआ उसे भूल जाओ। मुझसे दोस्ती करोगे', उसने मेरी तरफ हाथ बढ़ाते हुए कहा।

मैं एकदम से हैरान रह गया, मुझे विश्वास नहीं हो रहा था कि उसने खुद की मर्जी से मेरी तरफ दोस्ती का हाथ बढ़ाया था।

'येस वॉय नॉट', मैंने उससे हाथ मिलाते हुए एक छोटी सी स्माईल दी।

तभी सूरज हमारे पास आ गया।

'क्या चल रहा है।' सूरज ने हल्की सी मुस्कान के साथ मेरी तरफ देखते हुए कहा।

तभी नेहा उसकी तरफ देखने लगी।

'ये मेरा बेस्ट फ्रैन्ड है सूरज', मैंने नेहा से सूरज की तरफ इशारा करते हुए कहा।

उन दोनों ने एक दूसरे से हाथ मिला लिया।

'ऑल दी बेस्ट', सूरज ने मेरी तरफ एक छोटी सी स्माईल देते हुए कहा और वहाँ से चला गया।

मैं चुप रहा और नेहा का भी उस वक्त सूरज की बातों पर ध्यान नहीं था।

उसने अपनी क्लाई की घड़ी की तरफ देखा और कहा ‘अभी हमें भी चलना चाहिए क्लास का टाईम हो चुका है।’

‘चलो चलते है’, मैंने कहा।

हम दोनों क्लास में अन्दर पहुँच गए वो पूजा के साथ सबसे पहली वाली बेन्च पर बैठ गई और मैं सूरज के साथ पीछे वाली बेन्च पर।

हम अक्सर पीछे ही बैठा करते थे, मुझे पीछे बैठना ही पसंद था इसलिए मैं और सूरज पीछे बैठा करते थे।

‘सॉरी मांगी थी उसने?’ सूरज ने मुझसे जल्दी से पूछा।

‘हाँ यार मांगी थी’, मैंने खुशी चेहरे पर साफ जाहिर करते हुए कहा।

‘क्या कहा था उसने तुझसे’, उसने जल्दी से पूछा।

तभी लैक्चरार क्लास में आ गए, लैक्चरार अटेन्डेन्स लेने के बाद लैक्चर देने लगे।

‘क्या कहा था उसने तुझसे’, सूरज ने फिर से फुसफुसाते हुए पूछा।

‘शाम को फोन पर बताऊँगा तुझे’, मैंने फुसफुसाते हुए कहा।

‘ओके’, उसने धीरे से कहा।

उस दिन नेहा ने कई बार मेरी तरफ मुड़ मुड़कर देखा, मुझे उस दिन बहुत अच्छा लग रहा था, मानो जैसे की उसने मुझे आई लव यू कह दिया हो।

और फिर जब शाम को मैं सिटी पार्क में घूम रहा था तभी मेरे फोन की रिंग बजी।

मैंने देखा कि वो सूरज की कॉल थी।

'हैलो', मैंने कॉल रिसीव करने के बाद कहा।

'कहीं बिजी तो नहीं है तू', उसने कहा।

'नहीं बिजी तो नहीं हूँ बता?'

'हाँ अब बता सुबह क्या-क्या बातें हुई थी तेरे और नेहा के बीच में', उसने कहा।

'मैं सुबह बाईक खड़ी करके क्लास रूम की तरफ जा ही रहा था तभी वो अचानक से मेरे सामने आ गई और उसने मुझसे कहा। सॉरी यार कल मेरी ही गलती थी मैं कुछ ज्यादा ही बोल गई थी और फिर मैंने कहा। उसमें तुम्हारी ही नहीं बल्कि मेरी भी गलती थी, फिर उसके बाद उसने मेरी तरफ दोस्ती का हाथ बढ़ाया और कहा मुझसे दोस्ती करोगें। यार उस वक्त उसके मुँह से ये बात सुनकर मुझे बहुत अच्छा लगा फिर मैंने भी उससे हाथ मिला लिया और उसके बाद तू हमारे पास आ ही गया था।'

'अब तू एक काम कर इस दोस्ती को ना अगली सीढ़ी पर लेकर चढ़', उसने कहा। 'समझ गया ना तू मैं क्या कहना चाहता हूँ।'

'हाँ समझ गया', मैंने कहा। 'अब कैसी हालत है अंकल जी की।'

'अब तो घर पर ही है लेकिन ऐसे खुशी-खुशी रहते है मानो बीमार ही ना हो', उसने खुशी जताते हुए कहा।

'चलो अच्छी बात है', मैने मुस्कुराते हुए कहा।

'ओके तो कल कॉलेज में मिलते है', उसने कहा।

'ओके बाए, मैंने कहा।' और कॉल कट कर दी।

उस वक्त थोड़ा-थोड़ा अंधेरा होने लगा था मैं पैदल पैदल घर की तरफ निकल दिया।

थोड़ी ही दूर चलने के बाद एक जगह रोड पर मैंने गौर किया की बहुत सारे लोगों की भीड़ इक्ट्ठा हो रही थी।

मैं हैरानी से उनके पास गया। मैं लोगों को हटाते हुए आगे पहुँचा, मैंने देखा कि मेरे पापा बाईक के साथ बेहोशी की हालत में रोड पर पड़े हुए थे और उनके शरीर से बहुत सारा खून बह चुका था सब लोग उन्हें दूर से ही खड़े-खड़े देख रहे थे मैं उन्हे देखकर बहुत ज्यादा घबरा गया।

'पापा', मैंने तेजी से दौड़कर उनके करीब जाते हुए कहा।

उस वक्त मेरी आँखों में आँसू आ गए थे, मैंने जल्दी से उन्हे गोद में उठाया और ऑटों से उन्हें हॉस्पीटल लेकर पहुँच गया। डॉक्टर उन्हें सीधा ऑपरेशन थियेटर में ले गए, मैं बाहर ही बैठकर उनका इंतजार करता रहा। कुछ देर बाद डॉक्टर ऑपरेशन थियेटर से बाहर आए, उन्हें देखते ही मैं जल्दी से अपनी सीट से खड़ा होकर उनके पास गया।

'डॉक्टर अब कैसे है वो।'

'वे अब खतरे से बाहर है', उन्होंने कहा।

'मैं कब मिल सकता हूँ उनसे।'

'अभी कुछ ही देर बाद उन्हें होश आ जाएगा तब मिल लेना', उन्होंने कहा और वहाँ से चले गए।

'मैंने राहत की एक लम्बी सास ली। और अपनी पेन्ट की जेब में हाथ डालकर फोन निकाला और मम्मी के पास कॉल कर दी।

'हैलो मम्मी।'

'हाँ बोलो बेटा।'

'मम्मी आप जल्दी से सिटी हॉस्पीटल आ जाईए।'

'क्यों', उन्होंने मेरी बात बीच में ही काटते हुए जल्दी से कहा।

'पापा का ऐक्सीडेन्ट हो गया है', मैंने आवाज को धीमी करते हुए कहा।

'वे घबराहट से रोने लगी।

'मम्मी। पापा अब ठीक है, घबराने वाली कोई बात नहीं है', मैंने जल्दी से कहा। 'आप रोईये मत।'

और इतना सुनते ही उन्होंने कॉल कट कर दी।

कुछ देर बाद ही वे हॉस्पीटल में आ गई।

मैं उस वक्त बाहर हॉल में स्टील की कुर्सी पर बैठा हुआ था।

'कहाँ हैं तेरे पापा', उन्होंने आँखों में आँसू लिए हुए मेरे पास आकर कहा।

'मम्मी आप शान्त हो जाइए', मैंने कुर्सी से उठकर उन्हें कुर्सी पर बिठाते हुए कहा। 'पापा अब बिल्कुल ठीक है उन्हें अब थोड़ी ही देर में होश आ जाएगा।

'तुझे कहाँ मिले थे वो', उन्होंने आँसू पोंछते हुए कहा।

'मुझे वो सिटी पार्क के सामने वाले रोड पर मिले थे।'

तभी एक नर्स हमारे पास आई। और कहा। 'आप मिस्टर जयप्रकाश के घर से हो?'

'जी हाँ', मैंने सरलता से जवाब दिया।

'उन्हें होश आ गया है अब आप चाहे तो उनसे मिल सकते हो', नर्स ने कहा और वहाँ से चली गई।

मैं और मम्मी तुरन्त पापा के पास रूम में अन्दर पहुँच गए। पापा अपनी कमजोर आँखों को झपकाते हुए हमें देख रहे थे, उन्हें ऑक्सीजन लगा हुआ था। उन्हें देखकर मम्मी की आँखों से आँसू बहने लगे।

'अपनी मम्मी को कह दे कि रोए ना', पापा ने ऑक्सीजन लगे हुए ही धीमी आवाज में कहा। 'रोती हुई ये बिल्कुल भी अच्छी नहीं लगती।'

मैंने तुरन्त अपने हाथों से मम्मी के आँसू पोछे और फिर पापा के पास चला गया।

मैंने उनका हाथ थामा और कहा। 'पापा कैसे हुआ था आपका ऐक्सीडेन्ट।'

'कार से', उन्होंने धीमी आवाज में कहा। 'उस कार वाले की ही गलती थी, वो रोंग साईड ले आया था।'

'आपको कार का नम्बर याद है', मैंने जल्दी से कहा।

'नहीं।' उन्होंने धीमी आवाज में कहा।

'कार कौन सी थी?' मैंने कहा।

'याद नहीं है', उन्होंने धीमी आवाज में कहा। 'लेकिन वो बड़ी कार थी।'

सिर्फ कार का बड़ी या छोटी पता होने से क्या फायदा, मैंने मन ही मन सोचा, मुझे उस वक्त उस कार वाले पर बहुत ज्यादा गुस्सा आ रहा था लेकिन मैं कर भी क्या सकता था।

'आप दोनों बाते कीजिए', मैंने मम्मी से कहा। और रूम से बाहर चला गया।

अगले दिन की शाम को करीब पाँच बजे मैं यूँ ही हॉस्पीटल के बाहर रोड पर टहल रहा था तभी मेरे फोन की रिंग बजने लगी।

मैंने देखा कि वो सूरज की कॉल थी।

'हैलो', मैंने कॉल रिसीव करने के बाद कहा।

'आज कॉलेज क्यों नहीं आया तू', उसने कहा।

मैंने उसको पापा के बारे में सारी बात बता दी।

उसने तुरन्त पूछा, 'कौन से हॉस्पीटल में है वे।

'सिटी हॉस्पीटल में', मैंने कहा।

इतना सुनते ही उसने कॉल कट कर दी।

कुछ देर बाद जब मैं हॉस्पीटल के गेट से अन्दर जा रहा था तभी सूरज एकदम से मुझे देखे बिना बाईक लेकर मेरे साईड से हॉस्पीटल में अन्दर की तरफ निकल गया।

'सूरज', मैंने तुरन्त तेज आवाज में कहा।

उसने बाईक रोक ली और पीछे की तरफ सिर घुमाया मैं दौड़ते हुए उसके पास पहुँच गया।

'अंकल कौन से फ्लोर पर, कौन से रूम नंबर में है।'

'थर्ड फ्लोर पर रूम नम्बर फिफ्टीन में', मैंने कहा।

'ओके', उसने कहा। और इतना कहते ही उसने अपनी बाईक खड़ी कर दी।

हम दोनों लिफ्ट से थर्ड फ्लोर पर रूम नंबर फिफ्टीन में पहुँच गए, उस वक्त मम्मी पापा के करीब वाले दूसरे बिस्तर पर बैठी हुई थी।

'अंकल अब कैसी तबीयत है आपकी।'

'पहले से तो बेहतर है', पापा ने धीरे से कहा।

'रोहन, अंकल को हॉस्पीटल से डिसचार्ज कब मिलेगा।' सूरज ने कहा।

'डॉक्टर ने कल के लिए बोला है', मैंने कहा।

'अंकल जी आप आराम कीजिए, मैं और रोहन बाहर ही है।' उसने कहा। और मेरी तरफ बाहर चलने का इशारा किया।

मैं उसके साथ रूम से बाहर चला आया।

'कैसे हुआ था अंकल का ऐक्सीडेन्ट।'

'मैं जब कल शाम को तुझसे बात कर रहा था ना', मैंने कहा।

'हाँ–हाँ' उसने मेरी बात बीच में काटकर सिर हिलाते हुए कहा।

'तुझसे बातें करने के बाद मैं घर की तरफ जा ही रहा था तभी मैंने देखा कि रोड पर बहुत सारे लोगों की भीड़ इक्टठा हो रही थी, मैं उस भीड़ में पहुँचा मैंने देखा कि पापा रोड पर जख्मी हालात में पड़े हुए थे, और उन्हें घेरे हुए सभी लोग उन्हें दूर से ही देख रहे थे कोई भी उन्हें हाथ नहीं लगा रहा था, फिर मैंने उन्हे उठाया और हॉस्पीटल लेकर आ गया।'

'तूने उन्हें पूछा, किस चीज से ऐक्सीडेन्ट हुआ था उनका', उसने तुरन्त कहा।

'हाँ मैंने पूछा था, उन्होंने बताया कि एक कार वाले ने उन्हे टक्कर मार दी थी लेकिन उन्हें न तो कार का नम्बर याद है, और ना ही ये याद है कि कार कौन सी थी।'

'अगर अंकल को कार के बारे में थोड़ा बहुत भी याद होता तो हम आराम से पुलिस कम्पलेंट कर देते', उसने कहा। 'और अगर अब करे तो अब करने में कोई फायदा नहीं है।'

'हाँ यार तू ठीक कह रहा है', मैंने कहा।

'अरे हाँ, मैं तो तुझे बताना ही भूल गया', उसने कहा।

'क्या', मैंने तुरन्त पूछा।

'आज कॉलेज में नेहा तेरे बारे में पूछ रही थी', उसने कहा।

'सच में?', मैंने खुशी के मारे तुरन्त कहा।

'सच में।'

'क्या पूछ रही थी वो', मैने कहा।

'वो मुझसे पूछ रही थी कि सूरज आज रोहन कॉलेज क्यो नहीं आया है।'

'और फिर तूने क्या कहा', मैंने जल्दी से पूछा।

'मैने कहा कि मुझे भी नहीं पता', उसने कहा।

'तो फिर क्या कहा उसने।' मैंने पूछा।

'उसने कहा मुझे कल जरूर बता देना', उसने कहा।

'और फिर तूने क्या कहा', मैंने जल्दी से कहा।

'मैंने कहा कि हाँ–हाँ जरूर बता दूँगा', उसने कहा।

'सूरज सच बता, उसने सचमुच पूछा था मेरे बारे में।'

'हाँ भाई हाँ पूछा था', उसने कहा, 'मैं झूठ थोड़ी ना बोल रहा हूँ।'

'तू एक काम कर', मैंने कहा। 'अगर वो कल तुझसे मेरे बारे में पूछे ना तो तू सब कुछ बता देना और अगर वो पापा से मिलने के लिए कहे तो तू उसे मेरे घर ले आना, क्योंकि कल तक तो पापा हॉस्पीटल से डिस्चार्ज हो जाएँगे।'

'ओके', उसने मुझसे हाथ मिलाते हुए कहा। 'ठीक है तो मैं चलता हूँ फिर कल तेरे घर पर मिलते है।'

'ओके', मैंने कहा। और वो वहाँ से चला गया।

तभी कुछ ही देर बाद मामा और मामी, पापा को देखने के लिए आए और कुछ देर बाद चले गए।

अगले दिन करीब सुबह के ग्यारह बजे थे पापा अपने रूम में लेटे हुए थे और मैं और मम्मी उनके पास ही बैठे थे, तभी एकदम से नेहा और सूरज हमारे रूम में आ गए। मैं नेहा को देखते ही खुश हो गया, उन्हें देखते ही मैं और मम्मी अपनी जगह से खड़े हो गए।

'नेहा ने मम्मी और पापा दोनों से नमस्ते की।

'बेटा क्या नाम है तुम्हारा', मम्मी ने नेहा से पूछा।

'नेहा।'

'तुम रोहन के साथ ही पढ़ती हो?' मम्मी ने कहा।

'हाँ इसी के साथ पढ़ती हूँ।'

'अंकल जी अब आपकी तबीयत कैसी है', नेहा ने पापा के पास जाकर पूछा।

'अब तो पहले से बेहतर हूँ', पापा ने बैठने की कोशिश करते हुए कहा।

'नहीं-नहीं अंकल आप लेटे रहिए', नेहा ने तुरन्त उनके कंधों पर हाथ लगाकर उन्हें वापस लेटाते हुए कहा।

'मैं अभी तुम्हारें लिए चाय लेकर आती हूँ', मम्मी ने कहा। तब तक तुम सब बैठ कर बातें करो।

'नहीं-नहीं आंटी रहने दीजिए', नेहा ने तुरन्त कहा।

'अरे तुम बैठ तो जाओ, मैं सिर्फ दो मिनट में लेकर आती हूँ मम्मी ने कहा और जल्दी से वहाँ से चली गई

हम सब बैठ गए, तभी मम्मी ने मुझे रसोई से तेज आवाज लगाई।

मैं तुरन्त वहाँ से खड़ा हुआ और रसोई में पहुँच गया।

'हाँ मम्मी बताईए।' जल्दी बताईए क्या बात है।

'अरे बेटा जल्दी किस लिए हो रही है तुम्हें', उन्होंने मुस्कुराते हुए कहा।

'मम्मी आप जल्दी बताईए क्या बात है। वहाँ पर सूरज बैठा है और मैं उसे यहाँ छोड़कर आ गया हूँ आप जल्दी बताईए क्या बात है।'

'वो तो मुझे भी पता है कि तू जल्दी सूरज के लिए नहीं बल्कि।' उन्होंने मुस्कुराते हुए कहा। और वो बल्कि शब्द पर ही रूक गई लेकिन मैं समझ गया था कि वे क्या कहना चाहती थी।

'मम्मी आप भी हमेशा उल्टा ही सोचती हो', मैंने मुस्कुराते हुए कहा। और वापस पापा के रूम की तरफ चला गया।

उस वक्त मेरे कुछ समझ में नहीं आ रहा था कि आखिरकार मम्मी को मेरे और नेहा के बारे में कैसे पता चल गया, मैं उस वक्त हैरान तो था लेकिन फिर मैंने सोचा की जब कभी भी मैं किसी टेंशन में या परेशान रहता हूँ तब उन्हें यूँ ही पता चल जाता है। शायद उन्हें अब भी यूँ ही अन्दाजे से पता चल गया होगा।

मैं रूम में पहुँच गया वो सब बातों में लगे हुए थे, मैं उनके पास जाकर बैठ गया, मैं बार-बार नेहा की तरफ देखें जा रहा था लेकिन उसने ज्यादा से ज्यादा सिर्फ तीन-चार बार ही मेरी तरफ देखा होगा।

तभी कुछ ही देर में मम्मी हमारे लिए चाय ले आई।

सभी ने एक-एक कप चाय उठा ली और चाय पीना शुरू कर दिया।

'बेटा कहाँ पर रहती हो तुम', मम्मी ने प्यार से पूछा।

'जी मैं इंदौर की हूँ लेकिन मैं यहाँ पर नाना-नानी के साथ पाई दो में रहती हूँ।'

मैं भी पहली बार ही उसी के मुँह से ये सुन रहा था कि इलाहाबाद में उसका असली घर नहीं है वो इंदौर की रहने वाली है मेरा मन अन्दर ही अन्दर ये कह रहा था की मम्मी उससे ये और पूछ लो की, तुम यहाँ पर सिर्फ नाना-नानी के साथ ही रहती हो या फिर तुम्हारे मामा या फिर कोई और भी रहता है।

हालांकि मम्मी तक मेरे मन की आवाज नहीं पहुँच रही थी लेकिन उन्होंने उससे वहीं सवाल पूछ लिया।

'तुम यहाँ पर किस-किस के साथ रहती हो', मम्मी ने कहा।

'मैंने अभी आपको बताया तो था, मैं नाना और नानी जी के साथ रहती हूँ।'

'और तुम्हारे मामा वो कहाँ रहते है', मम्मी ने कहा।

'नहीं आंटी जी मेरे मामा नहीं है मेरी मम्मी मेरे नाना-नानी जी की इकलौती औलाद है।' और इतना कहकर उसने चाय की आखिरी चुस्की ली।

उसकी ये बात सुनकर मेरे मन में लडडू फूटने लगे। मैंने मन ही मन सोचा कि अब तो काम और आसान हो गया है।

'अच्छा तो अंकल जी मैं चलती हूँ', उसने खड़े होते हुए कहा।

अरे बैठो बेटा अभी, कहाँ जा रही हो', मम्मी ने तुरन्त खड़े होते हुए कहा।

'नहीं आंटी अब मुझे चलना चाहिए', नेहा ने कहा।

'चलो ठीक है', मम्मी ने कहा। 'रोहन अपने दोस्तों को बाहर तक छोड़ आओ।'

मैं उन्हें घर के बाहर तक छोड़ने के लिए चला गया।

'अब तुम कॉलेज कब आओगें', नेहा ने मुझसे घर के बाहर पहुँचने के बाद कहा।

'शायद कल', मैंने कहा।

'शायद? यानी पक्का नहीं है', उसने कहा।

'तुम ये बात छोड़ों पहले मुझे ये बताओं', मैंने कहा तुमने फैसबुक आईडी बना रखी है।

'हाँ है। क्यूँ क्या हुआ', उसने कहा।

मैं उसकी बात सुनकर अन्दर ही अन्दर खुश होने लगा।

'किस नाम से है', मैंने जल्दी से पूछा।

'नेहा पटेल', उसने कहा और तुम्हारी?

'रोहन शर्मा।'

सूरज बाईक स्टार्ट करके बाईक हमारे सामने ले आया।

'अच्छा तो शाम को चैट करेंगे', नेहा ने बाईक पर बैठते हुए कहा।

मैं एकदम से भूल गया उसकी फैसबुक आई.डी. किस नाम से थी।

'नेहा किस नाम से है तुम्हारी फैसबुक आई.डी.', मैंने जल्दी से पूछा।

'नेहा पटेल', उसने धीरे से चलती हुई बाईक से आवाज को बढ़ाते हुए कहा ओर इतना कहते ही वो बाईक लेकर चले गए।

नेहा पटेल, मैंने धीमी आवाज में, अपने आप से ही मुस्कुराते हुए कहा।

शाम को खाना खाने के बाद मैं अपने रूम में जाकर लेट गया। उस वक्त आठ साढ़े आठ का वक्त होगा।

मैंने तुरन्त अपना फोन अपनी पेन्ट की जेब से निकाला और फैसबुक पर नेहा पटेल नाम से सर्च करके नेहा को ढूँढ़ने लगा। करीब एक डेढ़ मिनट के बाद मुझे उसकी प्रोफाईल पिक्चर दिखाई दी, उसके फोटो को देखते ही मेरे चेहरे पर एक बड़ी सी स्माईल आ गई, मैंने जल्दी से उसके सारे फोटो देखें। उसके एक से बढ़कर एक फोटो थे, मैंने उसके सारे फोटों अपने फोन में सेव कर लिए और उसके पास फ्रैन्ड रिक्यूवेसट भेज दी।

मुझे दो या तीन मिनट ही हुए होगें तभी मेरी फैसबुक पर एक नोटीफिकेशन आया जिसमें लिखा था कि योर फ्रेन्ड रिकवेसट इज ऐक्सपटिड बाय नेहा पटेल। उस मैसिज को पढ़ते ही मैंने जल्दी से देखा की वो ऑन लाईन हो चुकी है या नहीं, मैंने देखा कि वो ऑन लाईन हो चुकी थी।

मैंने उसके पास जल्दी से मैसेज भेजा: हाए नेहा,

नेहा पटेल: हाए, क्या कर रहे हो।

रोहन शर्मा: कुछ नहीं बस लेटा हुआ हूँ।

नेहा पटेल: हाँ अब बताओं तुम कल कॉलेज आओगें?

रोहन शर्मा: पक्का नहीं कह सकता।

नेहा पटेल: ठीक है तो मैं भी कल कॉलेज नहीं आऊँगी।

रोहन शर्मा: पर क्यूँ?

नेहा पटेल: जैसे तुम अपनी मर्जी चला सकते हो वैसे मैं भी तो अपनी मर्जी चला सकती हूँ।

रोहन शर्मा: क्यूँ। मेरे आने ना आने से तुम्हें क्या फर्क पड़ता है।

नेहा पटेल: अच्छा बच्चू इतनी जल्दी दोस्ती को भूल गए।

रोहन शर्मा: ओके। कल आऊँगा मैं कॉलेज।

नेहा पटेल: पक्का?

रोहन शर्मा: 'हाँ–हाँ पक्का।

नेहा पटेल: रोहन उस दिन के लिए सॉरी यार।

मुझे उस मैसेज को पढ़ने के बाद कुछ खास समझ में नहीं आया, क्योकि उसने एकदम से टोपिक चैन्ज कर दिया था और ना ही उस मैसेज से कुछ खास समझ में आ रहा था, मैंने तुरन्त मैसेज सैन्ड किया।

रोहन शर्मा: सॉरी? किस लिए।

नेहा पटेल: वो उस दिन के लिए जब तुमने मुझसे फ्रेन्डशिप के लिए पूछा था और मैंने तुम्हें डांट दिया था।

रोहन शर्मा: तुम अभी तक उसी बात पर टिकी हुई हो।

नेहा पटेल: नहीं यार उस बात का मुझे बहुत अफसोस है।

टोपिक चैन्ज कर, मैंने एक स्माईल सिम्बल के साथ सैन्ड किया ताकि उसे ये ना लगे की मैं अभी तक उसी बात को लिए हुए बैठा हूँ।

नेहा पटेल: तुम्हारा फैवरेट कलर क्या है।

रोहन शर्मा: रेड एण्ड ब्लैक।

नेहा पटेल: दो–दो?

रोहन शर्मा: हाँ। क्यों क्या हुआ।

नेहा पटेल: कुछ नहीं बस वैसे ही।

रोहन शर्मा: और तुम्हारा फैवरेट कलर?

नेहा पटेल: ब्लैक।

मेरा उस वक्त उसकी आवाज सुनने का मन कर रहा था इसलिए मैंने एक मैसेज सैन्ड किया।

रोहन शर्मा: वाईस काल करूँ तुम्हारे पास।

नेहा पटेल: क्यूँ?

रोहन शर्मा: तुम्हारी आवाज सुनने का मन कर रहा है इसलिए।

नेहा पटेल: यार नानी मेरे पास ही लेटी हुई है। कल कॉलेज में कर लेंगे बात।

रोहन शर्मा: ओके। जैसा तुम चाहो।

नेहा पटेल: रोहन मुझे लड़कों में ना तुमसे अच्छा दोस्त नहीं मिला आज तक।

रोहन शर्मा: अच्छा जी। वो कैसे।

नेहा पटेल: वो ऐसे की तुमसे पहले मेरी दो और लड़कों से दोस्ती हुई थी लेकिन वो दोस्ती को पहले ही दिन से कुछ और ही समझने लगते थे इसलिए मैंने तुम्हें उस दिन डाँट दिया था मैंने सोचा कि शायद तुम भी उन्हीं लड़कों में से एक हो।

उसका ये मैसेज पढ़ते ही मेरे सारे अरमान चूर-चूर हो गए क्योंकि मैं भी उन लड़कों में से ही एक था।

रोहन शर्मा: चलो ठीक है तो कल बात करते है।

नेहा पटेल: इतनी जल्दी।

रोहन शर्मा: नहीं यार वो मुझे नींद आ रही है इसलिए।

नेहा पटेल: चलो ठीक है तो बाए, कल बात करते है।

इस आखिरी मैसेज को पढ़ते ही मैंने अपने फोन का डाटा ऑफ कर दिया और नॉवल पढ़ते-पढ़ते सो गया।

अगले दिन सुबह के करीब साढ़े आठ बजे थे, मैं आईने के आगे खड़े होकर कॉलेज के लिए तैयार हो रहा था।

'नाश्ता कर लिया तूने?' मम्मी ने मुझसे पूछा।

'हाँ मम्मी कर लिया, पापा ने कर लिया?'

'हाँ उन्होंने भी कर लिया', उन्होंने कहा और वहाँ से चली गई।

मैं अपनी बाईक लेकर कॉलेज पहुँच गया। मैं बाईक खड़ी करके अपने क्लास रूम की तरफ जा ही रहा था तभी मुझे नेहा कैन्टीन पर पूजा के साथ दिखाई दी। मैं उनके पास गया।

'अरे आज सुबह-सुबह कैन्टीन पर क्या हो रहा है', मैंने कहा।

'अरे रोहन आ गए तुम', नेहा ने मुस्कुराते हुए कहा।

'हाँ। लेकिन तुमने ये नहीं बताया कि तुम कैन्टीन पर क्या कर रही हो', मैंने कहा।

'अरे कुछ नहीं मैं सिर्फ पैन लेने आई थी', उसने पैन मुझे दिखाते हुए कहा।

'नेहा मुझे तुमसे कुछ बात करनी है', मैंने कहा।

'हाँ बताओ', उसने कहा। 'नहीं कुछ पर्सनल बात है', मैंने आँखें छोटी करते हुए कहा।

'पूजा तुम क्लास में चलो मैं अभी आई', नेहा ने पूजा से कहा।

पूजा वहाँ से चली गई।

'हाँ अब बोलो क्या बात है', उसने कहा।

'वो क्या तुम। तुम मेरे साथ, साथ', मैंने हिचकिचाते हुए कहा।

'साफ-साफ कहो ना, क्या बात है', उसने तुरन्त मेरी बात बीच में काटते हुए कहा।

मैं कुछ सैकेण्ड चुप रहा और उसके बाद कहा। क्या तुम मेरे साथ कॉफी पीने चलोगी, सिर्फ एक कॉफी, सिर्फ एक।

'अच्छा तो तुम सिर्फ इस छोटी सी बात के लिए इतना हिचकिचा रहे थे', उसने हल्का सा हँसते हुए कहा।

उसकी ये बात सुनते ही मेरे चेहरे पर एक हल्की सी स्माईल आ गई, मैं समझ गया था मतलब कि उसका जवाब हाँ था।

'इसका मतलब की तुम चलोगी?' मैंने जल्दी से कहा।

'बिल्कुल', उसने मुस्कुराते हुए कहा। 'बताओ कब चलना है।'

'अभी', मैंने जल्दी से कहा।

'बिल्कुल अभी?' उसने भी जल्दी से कहा।

'हाँ बिल्कुल अभी',

'ओके चलो', उसने कहा।

और फिर हम दोनों मेरी बाईक से कॉलेज के एक नजदीकी केफे पर पहुँच गए।

मैं दो कप कॉफी का ऑर्डर पहले ही दे आया था, उस वक्त हम दोनों एक छोटी टेबल पर अपोजिट वाली कुर्सीयों पर बैठे थे तभी वेटर हमारी टेबल पर दो कप कॉफी रख गया। कॉफी कप से गर्म-गर्म भाप हवा में लहरा रही थी।

'नेहा इंदौर में तुम्हारें घर में कौन-कौन रहते है।'

'एक बड़ा भाई एक छोटी बहन और मम्मी पापा', उसने कहा।

'तुम्हारा भाई क्या करता है', मैंने कहा।

'भईया एक कम्पनी में सुपरवाईजर है', उसने कहा।

'और छोटी बहन?'

'छोटी बहन ने टवेल्थ क्लास अबकी बार ही पास की है', उसने कहा।

'कॉफी तो पी लो, ठण्डी हो जायेगी', मैंने कॉफी कप उठाकर उसके हाथ में थमाते हुए कहा।

उसने कॉफी कप पकड़ लिया और एक चुस्की ली।

'और तुम्हारे मम्मी पापा वो क्या करते है', मैंने अपना कॉफी कप उठाकर एक चुस्की लेने के बाद कहा।

'मम्मी हाऊस वाईफ है और पापा आर्मी से रिटायर है', उसने कहा 'और तुम्हारे पापा क्या करते है।'

मैंने चाय की एक और चुस्की ली और कहा। पापा एक कम्पनी में क्लार्क की पोस्ट पर है।

और कुछ ही देर बाद उसने जल्दी से सारी कॉफी पीकर टेबल से खड़े होते हुए कहा। 'चले?'

'इतनी जल्दी', मैंने तुरन्त कहा। 'बस थोड़ी देर और।'

'ओके। लेकिन थोड़ी ही देर', उसने वापस कुर्सी पर बैठते हुए कहा।

'अरे हाँ मुझे याद आया', मैंने कहा। 'रात जब मैं तुम्हारे पास वाईस कॉल करने के लिए कह रहा था, तो तुमने मना क्यों कर दिया था।'

हालांकि मुझे पता था कि उसने रात को मुझसे वाईस कॉल करने के लिए मना क्यों कर दिया था। ऐसा मैंने इसलिए पूछा था क्योंकि मैं उसके साथ ज्यादा से ज्यादा टाईम स्पैन्ड करना चाहता था।

'अरे वो इसलिए क्योंकि रात नानी जी मेरे साथ ही लेटी हुई थी', उसने कहा।

'और हाँ वो कल मैसेज मुझे कुछ समझ में नहीं आया', मैंने कहा।

'कौन सा वाला', उसने तुरन्त मेरी बात बीच में काटते हुए कहा।

'वो वाला जिसमें तुमने ये लिखा था की तुम्हें आज तक लड़कों में मुझसे अच्छा दोस्त नहीं मिला है', मैंने कहा। 'उसमें तुमने दो और लड़कों के बारे में जिक्र किया था।'

'अच्छा वो वाला', उसने एकदम से कहा। 'हाँ वो तुमसे पहले मेरी दो और लड़कों से दोस्ती हुई थी। एक से तो टैन्थ क्लास में और दूसरे से टवैल्थ क्लास में। यार वो ना दोस्ती को कुछ ज्यादा ही समझने लगे थे, मैं कभी उनसे चैट करती थी ना, तो वो दोनों आलतू-फालतू के मैसेज भेजा करते थे, इसलिए मैंने तुम्हारे बारे में कहा था क्योंकि तुमने मेरे साथ सच्ची दोस्ती की है।'

उसकी ये बात सुनते ही मैंने मन ही मन सोचा की यार किसी दिन कोई गलती ना हो जाए जिसकी वजह से ये मुझे छोड़कर चली जाए और मैं सिर्फ देखता ही रह जाऊँ मैंने कॉफी खत्म करके खाली कप टेबल पर रख दिया।

'चले अब', उसने कुर्सी से खड़े होते हुए कहा।

मैं सोचने लगा कि यार इसे कुछ ज्यादा ही जल्दी नहीं हो रही है, जो ये थोड़ी-थोड़ी देर में बार-बार कह रही है, चले चले।

'अरे कहाँ खो गए', उसने मेरे चेहरे के आगे चुटकी बजाते हुए कहा।

'नहीं कहीं नहीं चलो, मैंने खड़े होते हुए कहा।

'क्या तुम मुझे घर तक छोड़ सकते हो?' उसने कहा।

'अरे वाय नॉट', मैंने एक छोटी सी स्माईल के साथ कहा।

हम दोनों बाईक पर उसके घर की तरफ चल दिए।

'रोहन एक बात पूछू तुमसे', उसने कहा।

'हाँ पूछो।'

'सच-सच बताना', उसने कहा।

'हाँ-हाँ सच-सच ही बताऊँगा, तुम पूछो तो सही।'

'तुम्हारी अब या फिर पहले कभी भी कोई गर्लफ्रेन्ड थी', उसने कहा।

'नहीं-नहीं। ना तो अब है और ना ही कभी पहले थी', मैंने कहा।

'अरे झूठ क्यूँ बोल रहे हो रोहन, सच बोलो ना', उसने हल्का सा हँसते हुए कहा।

'नहीं यार मैं सच बोल रहा हूँ' मैंने एक छोटी सी स्माईल के साथ कहा।

'तुम्हें देखकर तो बिल्कुल भी नहीं लगता कि तुम्हारी कोई गर्लफ्रेन्ड नहीं होगी', उसने कहा।

'अच्छा जी। ऐसा क्या है मुझमें', मैंने मुस्कुराते हुए कहा।

'अच्छा मुझे ये बताओं कि तुम में बुरा ही क्या है', उसने कहा।

'कई लड़कियों ने आई लव यू कहा था मुझसे लेकिन मैंने मना कर दिया', मैने कहा।

'पर क्यूँ', उसने जल्दी से कहा।

'वो इसलिए क्योंकि उनमे से कोई भी मुझे अच्छी नहीं लगी।'

'हूँ...। हो सकता है', उसने कहा 'बस-बस यहीं रोक दो।'

'क्यूँ ?' मैंने जल्दी से कहा।

'मेरा घर आ गया है इसलिए', उसने कहा।

मैंने तुरन्त बाईक रोक दी, वो बाईक से उतर गई।

'थैक्स रोहन', उसने कहा।

'यार दोस्ती में थैक्स कैसा?' मैंने कहा। इनमे से कौन सा है तुम्हारा घर।'

'ये वाला', उसने एक सफेद रंग के घर की तरफ इशारा करते हुए कहा। 'कैसा है?'

'बहुत अच्छा है।'

'इतना अच्छा भी नहीं है जितना तुम बता रहे हो', उसने मुस्कुराते हुए कहा।

'अरे नहीं-नहीं सच में बहुत अच्छा है', मैंने फिर से कहा।

'हाँ-हाँ अच्छा है अच्छा है, ओके तो रात को फैसबुक पर मिलते है', उसने कहा। और वहाँ से चली गई।

मैं बाईक लेकर सीधा अपने घर आ गया। और आते ही मैं सोफे पर बैठ गया, मैं बाहर सोफे पर बैठकर फोन में नेहा की पिक्चर्स देख रहा था तभी मम्मी ने मेरे पास आकर कहा। 'रोहन तेरे लिए खाना ले आऊँ।'

'नहीं अभी नहीं मम्मी बाद में', मैंने कहा। 'पापा अपने रूम में है?'

'हाँ अपने रूम में ही है', उन्होंने कहा। और वहाँ से चली गई

मैं वहाँ से उठकर पापा के रूम में पहुँचा, मैंने देखा की पापा उस वक्त बैड पर लेटे हुए टीवी देख रहे थे।

'अरे रोहन आओ-आओ जल्दी बैठो', उन्होंने मुझे देखते ही कहा।

मैं उनके पास जाकर बैठ गया।

‘ये इंडिया और पाकिस्तान का मैच है। बहुत ही जबरदस्त चल रहा है’, उन्होंने कहा। ‘अब इंडिया की बल्लेबाजी चल रही है अभी तक इंडिया की दो विकेट गिर चुकी है।’

‘पापा अब आपकी तबीयत कैसी है।’

‘तबीयत तो अब ठीक ठाक ही है’, उन्होंने कहा। ‘लेकिन अभी नहीं बाद में बात करना।’

वे उस वक्त मैच को देखने में कुछ ज्यादा ही बिजी थे।

‘अरे यार एक और आऊट हो गया’, उन्होंने टीवी की तरफ देखते हुए तेज आवाज में कहा।

और मेरा क्रिकेट में पहले से ही कुछ खास इंटरेसट नहीं था इसलिए मैं वहाँ से उठकर घर से बाहर टहलने के लिए निकल गया। मैंने सूरज के पास कॉल कर दी।

‘हैलो’, उसने फोन रिसीव करने के बाद कहा।

‘कॉलेज में है तू?’ मैंने कहा।

‘हाँ कॉलेज में ही हूँ बता क्या हुआ।’

‘मैं तुझे सिटी पार्क के पास मिलूँगा तू बाईक लेकर जल्दी आ जा’, मैंने कहा।

‘कुछ हो गया है क्या?’ उसने कहा।

‘नहीं-नहीं कुछ भी नहीं हुआ है बस कहीं घूमने का प्लान बनाया है मैंने, वहाँ पर चलेगें’

‘ठीक है पाँच मिनट में आता हूँ मैं, तू मुझे पार्क के पास ही मिलना’, उसने कहा।

‘ओके।’ इतना कह कर मैंने फोन कट कर दिया।

मैं पैदल–पैदल चलते हुए पार्क के पास पहुँच गया सूरज कुछ ही देर बाद वहाँ बाईक लेकर आ गया।

उसने बाईक मेरे पास आकर रोक दी और कहा। 'आजा बैठ।'

मैं बाईक पर बैठ गया उसने बाईक चला दी।

'हाँ बता कहाँ का प्लान है तेरा', उसने कहा।

'तू बस चलता जा मैं तुझे, रास्ता बताता जाऊँगा', मैंने कहा।

'अरे यार ये तो बता दे की हम जा कहाँ रहे है', उसने कहा।

मैंने उसकी बात को नजर अन्दाज करते हुए कहा। 'यहाँ से राईट ले राईट।'

उसने बाईक राईट की तरफ घुमा दी और ऐसे ही मैं उसकी बाईक को लेकर राईट, लेफ्ट राईट करते हुए नेहा के घर के सामने ले आया।

'बस–बस यहीं रोक दे', मैंने जल्दी से कहा।

'यहीं के लिए कह रहा था तू?' उसने बाईक रोकते हुए कहा।

'हाँ–हाँ यहीं के लिए', इतना कहते ही मैं बाईक से उतर गया।

'अब यहाँ क्या करना है?' उसने बाईक से उतरते हुए कहा।

'ये नेहा का घर है', मैंने नेहा के घर की तरफ हाथ का इशारा करते हुए कहा।

'अभी सुबह ही तो तू उसे अपने साथ ले गया था घुमाने के लिए', उसने मुस्कुराते हुए कहा। 'कहाँ पर ले गया था तू उसे?'

'कैफे पर', मैंने एक छोटी सी स्माईल के साथ कहा।

'फिर अब दोबारा क्यूँ आया है यहाँ पर', उसने कहा।

'यार एक और बार मिलने का मन कर रहा था उससे, इसलिए', मैंने कहा। 'चले घर के अन्दर?'

चल, उसने कहा।

हम दोनों ने नेहा के घर के दरवाजे पर पहुँचकर बेल बजाई।

एकदम से दरवाजा खुला, हमारे सामने नेहा की नानी खड़ी हुई थी उन्होंने हैरानी से कहा। 'बेटा तुम कौन हो।'

'नानी जी हम नेहा के दोस्त है', मैंने कहा। हम उसके साथ कॉलेज में पढ़ते है।

तभी नेहा की तेजी से आवाज आई, 'नानी जी कौन आया है।' नेहा ये कहते हुए दरवाजे के पास आ गई।

'अरे तुम दोनो।' उसने आश्चर्य से कहा। 'आओ-आओ अन्दर आओ।'

हम दोनों घर में अन्दर की तरफ चल दिए।

'नानी जी ये मेरे दोस्त है ये मेरे साथ कॉलेज में पढ़ते है, नेहा ने कहा।

'आओ बेटे बैठो', नानी जी ने हमसे सोफे की तरफ इशारा करते हुए कहा।

हम दोनों सोफे पर बैठ गए।

'नेहा तुम इनके साथ बैठो, मैं तुम्हारे लिए चाय बनाकर ले आती हूँ', नानी जी ने कहा।

'नहीं-नहीं नानी जी आप बैठिए मैं लेकर आती हूँ', नेहा ने जल्दी से कहा।

'नहीं बेटा तू यहीं पर बैठ, मैं लेकर आती हूँ', नानी जी ने फिर से कहा। और इतना कहकर वहाँ से चली गई।

नेहा हमारे साईड वाले सोफे पर बैठ गई। और कहा। 'और कैसे आना हुआ।'

'बस वैसे ही, क्यों आ नहीं सकते', मैंने कहा।

'अरे नहीं-नहीं मेरा वो मतलब नहीं था', उसने मुस्कुराते हुए कहा।

'हम यहाँ से गुजर ही रहे थे तभी हमने सोचा क्यों ना नेहा से भी मिलते चले', मैंने कहा।

'ठीक किया', उसने कहा।

'तुम्हारे नाना जी दिखाई नहीं दे रहे', सूरज ने कहा। वो कहाँ पर हैं।

'नाना जी मार्किट गए है घर का सामान लेने के लिए', उसने कहा।

'नेहा अब तुम अपने घर कब जाओगी', मैंने कहा।

'बी.एससी तो यही से करूँगी', उसने कहा। 'और आगे का अभी पता नहीं है।'

तभी एकदम से नेहा के नाना जी आ गए।

'नमस्ते नाना जी', मैंने और सूरज ने खड़े होते हुए कहा।

वो हमारी तरफ हैरानी से देखने लगे।

'नाना जी ये मेरे दोस्त है ये मेरे साथ कॉलेज में पढ़ते है', नेहा ने खड़े होते हुए कहा।

'अच्छा-अच्छा, नमस्ते बेटा', नाना जी ने कहा।

हम बैठ गए, और नेहा नाना जी से सामान लेकर अन्दर की तरफ चली गई। नाना जी हमारे पास आकर बैठ गए।

'बेटा तुम बी.एससी के बाद क्या करना चाहते हो', उन्होंने मुझसे पूछा। उनका ये सवाल सुनते ही मैं और सूरज घबरा गए।

मैं जल्दी से सोचने लगा कि क्या बताऊँ अब इनको। तभी मेरी नजर नेहा पर गई वह दूर से ही रूम के बाहर खड़ी हुई हमें ही देख रही थी।

'बताओ बेटा क्या करना चाहते हो', उन्होंने फिर से पूछा।

मुझे कुछ समझ में नहीं आया कि क्या कहूँ, मैंने यूँ ही कह दिया, 'पुलिस ऑफिसर।'

'चलो अच्छी बात है', उन्होंने कहा। 'और बेटा तुम?' सूरज से पूछा।

'मैं नाना जी', सूरज ने कहा।

'हाँ-हाँ तुम ही', उन्होंने कहा।

'आर्मी में', सूरज ने जल्दी से कहा।

'अगर बेटा अच्छे पढ़ोगे तो अच्छी पोस्ट मिल जाएगी', उन्होंने कहा। 'नहीं तो वहीं कोई छोटी-मोटी पोस्ट पर रह जाओगें।'

वो हमें पकाने लगे थे, कह रहे थे कि बेटा ये करना उससे वो बन जाओगे, उससे वो करोगें तो वो बन जाओगें, इससे वो करोगें तो वो बन जाओगें, उनकी जबान रूक नहीं रही थी बस कैन्ची की तरह चले ही जा रही थी।

तभी नेहा और नानी जी हमारे लिए चाय ले आई। नेहा ने चाय की ट्रे टेबल पर रख दी।

'लीजिए नाना जी', मैंने चाय का कप उठाकर उन्हें देते हुए कहा।

'नहीं-नहीं बेटा तुम पीओ', मैं अभी ले लूंगा, उन्होंने सिर हिलाते हुए कहा।

मैं और सूरज जल्दी-जल्दी उस गर्म चाय को पीने लगे, उस वक्त ऐसा लग रहा था कि बस चाय जल्दी से जल्दी खत्म हो जाए और हम यहाँ से चले जाए।

तभी नाना जी ने चाय का कप उठाया और हमें दोबारा से लेक्चर देने लगे।

मैं उस गर्म चाय को और जल्दी-जल्दी पीने लगा, मैंने एक नजर नेहा की तरफ देखा, वो नाना जी के पीछे खड़े होकर मुँह पर हाथ रखे हुए, मुझे और सूरज को देखकर हँस रही थी और उसके साथ-साथ नानीजी भी हमें देखकर मुस्कुरा रही थी।

'नाना जी अब हम चलते है', मैंने कहा। मैंने और सूरज ने जल्दी से चाय खत्म करके खड़े होते हुए कहा।

'अरे इतनी जल्दी', नाना जी ने सोफे से खड़े होते हुए कहा। 'अभी बैठो बेटा कुछ देर के बाद चले जाना।'

'नहीं-नहीं नाना जी हमें कुछ बहुत जरूरी काम है जाना पड़ेगा', सूरज ने कहा।

'चलो ठीक है', उन्होंने कहां। 'लेकिन फिर कभी जरूर आना।'

'हाँ-हाँ जरूर आएँगे नाना जी', सूरज ने जल्दी से कहा। मैं और सूरज जल्दी जल्दी बाहर की तरफ जाने लगे, मैंने मुड़कर एक बार नेहा की तरफ देखा वो मेरी ही तरफ देख रही थी।

और घर से बाहर पहुँच जाने के बाद मैं और सूरज बाईक पर बैठकर चल दिए।

'यार उस बूढ़े ने तो बिल्कुल पका ही दिया था', सूरज ने हँसते हुए कहा।

'हाँ यार छोड़ने का नाम ही नहीं ले रहा था वो', मैंने हँसते हुए कहा।

'यहाँ आने का प्लान था तेरा?' उसने हँसते हुए कहा।

मैं उसकी बात सुनकर हँसने लगा।

'रोहन', उसने कहा।

'हाँ बोल', मैंने हँसी थामते हुए कहा।

'तूने अभी तक नेहा का फोन नम्बर ले भी लिया है या नहीं?' उसने कहा।

'हाँ ले लिया है।'

'कब लिया था', उसने जल्दी से पूछा।

'फैसबुक पर।'

'अच्छा फैसबुक पर भी चैट करता है तू उसके साथ', उसने एकदम हैरानी से कहा।

'हाँ अभी एक दिन ही की थी बात।'

'भाई बहुत बड़ा छुपा रूस्तम निकला तू तो', उसने हल्का सा हँसते हुए कहा।

'अरे यार इसमे छुपे रूस्तम की क्या बात है', मैंने एक छोटी स्माईल देते हुए कहा।

'तूने तो यार बिल्कुल भी पता नहीं चलने दिया मुझे', उसने कहा।

'तो अब तो पता चल गया ना', मैंने कहा।

'अब क्या। अब तो तूने ही बताया है।'

'अब तू ये बात छोड़, तू मुझे ये बता की तुझे नहीं है कोई लड़की पसंद', मैंने कहा।

'नहीं मुझे नहीं है कोई भी पसंद', उसने कहा।

अगर कॉलेज में कोई पसंद है तो बता दे मुझे', मैंने मुस्कुराते हुए कहा।

'हाँ। है एक लड़की', उसने कहा।

'कौन है वो', मैंने जल्दी से पूछा।

'नेहा', उसने कहा।

उसकी ये बात सुनते ही मैं थम सा गया।

'अरे यार मैं मजाक कर रहा हूँ', उसने हँसते हुए कहा।

फिर मैं भी हँसने लगा और कहा। 'तूने तो मुझे डरा ही दिया था।'

और हम दोनों मेरे घर पहुँच गए।

'ले भाई आ गया तेरा घर', उसने बाईक रोकते हुए कहा।

मैं बाईक से उतर गया और कहा। 'ओके तो कल मिलते है।'

'ओके बाय', उसने कहा। और वहाँ से बाईक लेकर चला गया।

मैं घर में अन्दर पापा जी के रूम में गया, मैंने देखा की मम्मी और पापा तब भी क्रिकेट मैच देख रहे थे मैं वहाँ से वापस घूमकर अपने रूम में पहुँच गया।

रात के करीब साढ़े आठ बजे का वक्त था, मैं मम्मी और पापा हम तीनों बाहर हॉल में टेबल पर बैठकर खाना खा रहे थे। 'रोहन तुम करना क्या चाहते हो', पापा ने कहा।

'पापा मैं कुछ समझा नहीं', मैंने खाना खाते हुए कहा।

'मतलब की तुमने अपने कैरियर के बारे में क्या सोच रखा है', उन्होंने कहा।

'पापा में राईटर बनना चाहता हूँ।'

'राईटर?' उन्होंने थोड़ी हैरानी से कहा।

'क्यूँ क्या हुआ।' मैंने कहा।

'नहीं वैसे हुआ तो कुछ भी नहीं है लेकिन ये राईटर-वाईटर', उन्होंने गर्दन हिलाते हुए कहा।

'नहीं पापा में राईटर ही बनना चाहता हूँ।'

'अरे कोई फायदा नहीं है राईटर बनने में', उन्होंने कहा। 'अगर बनना ही है तो डॉक्टर बनो इंजिनियर बनो या फिर एन डी ए करो।'

'आखिरकार बुराई ही क्या है राईटर बनने में', मैंने थोड़ा गुस्सा जताते हुए कहा।

'मैंने कह दिया तो कह दिया बस, तुम राईटर नहीं बनोगें तो नहीं बनोगें', उन्होंने थोड़ी ऊँची आवाज में कहा।

मैं वहाँ से गुस्से में उठकर अपने रूम में चला गया।

'देख ले अपने लाडले को कितने गुस्से में गया है यहाँ से', पापा ने कहा। 'भला मैं इसके बुरे के लिए थोड़ी ना कह रहा हूँ।'

वो इतनी तेज बोल रहे थे कि उनकी आवाज मुझे मेरे रूम में साफ-साफ सुनाई दे रही थी।

'चलिए-चलिए आप अपने रूम में चलिए', मम्मी ने कहा। और उन्हें उनके रूम में ले गई।

मैं मन ही मन सोच रहा था कि आखिरकार राईटर बनने में बुराई ही क्या है और पापा को मुझसे दिक्कत क्या है।

मैंने कुछ ही देर बाद वो कॉपी उठा ली जिसमें मैं नॉवल लिखा करता था और एक बार उस नॉवल को खोलकर पढ़ा लेकिन मुझे वो नॉवल कुछ खास पसंद नहीं आया, तभी मैंने वो पेज फाड़ दिए और उन पेजों को एक माचिस लेकर घर से बाहर आ गया और उन्हें जला

दिया। आग बुझ जाने के बाद मैं वापस अपने रूम में आ गया मैंने फैसबुक ऑन ही की थी तभी एक मैसेज आया।

नेहा पटेलः 'अरे मैं बहुत देर से तुम्हारा वेट कर रही थी कहाँ थे तुम अब तक।

उसके इस मैसेज को पढ़ते ही मेरे चेहरे पर एक छोटी सी स्माईल आ गई।

रोहन शर्माः हाए नेहा, स्माईल सिमबल के साथ।

नेहा पटेलः हाए, ऐंगरी स्माईल के साथ।

रोहन शर्माः 'सॉरी यार।

नेहा पटेलः 'ओके।

रोहन शर्माः क्या कर रही हो।

नेहा पटेलः कुछ नहीं बस लेटी हुई हूँ।

रोहन शर्माः नानी जी कहाँ पर है।

नेहा पटेलः 'वो दूसरे रूम में है।

रोहन शर्माः ऑडियों कॉल करूँ।

नेहा पटेलः जैसी तुम्हारी मर्जी।

मैंने वॉईस कॉल कर दी।

'हैलो', उसने कहा।

हूँ.... हैलो', मैंने धीरे से कहा।

अरे फोन पर तो बहुत अच्छी आवाज आ रही है तुम्हारी', उसने कहा।

'नहीं-नहीं मेरी तो नहीं, पर तुम्हारी आवाज बहुत अच्छी है।'

'अच्छा बच्चू पोइन्टस बना रहे हो', उसने धीमी आवाज में हँसते हुए कहा।

'वो कैसे?' मैंने कहा।

'वो ऐसे, क्योकि मेरी सारी दोस्त तो फोन पर मेरी आवाज को बेकार बताती है और एक तुम ही हो जिसने मेरी आवाज को फोन पर अच्छा बताया है।'

'नहीं यार सच में दिल को छू देने वाली आवाज है तुम्हारी', मैंने आवाज को धीमी करते हुए कहा।

'रहने दो टोपिक चैन्ज करो', उसने हँसते हुए कहा।

'चलो तो तुम ये बताओ तुमने कभी भी किसी से सच्चा वाला प्यार किया है।'

'ये कैसा कोस्चन पूछ रहे हो तुम', उसने हैरानी से कहा।

'नहीं-नहीं कोस्चन तो कोस्चन ही है।'

'नहीं, और तुम्हे?' उसने तुरन्त कहा।

'हूँ हुआ है', मैंने बड़े ही प्यार से कहा।

'कब? और किससे?' उसने जल्दी से पूछा।

मैं चुप हो गया और सोचने लगा कि अब इससे क्या कहूँ।

'क्या हुआ चुप क्यों हो गए', उसने कहा।

अभी नहीं कभी बाद में बता दूँगा। उस वक्त तुम्हें मुझसे पूछने की भी जरूरत नहीं पड़ेगी।

'क्यूँ अब बताने में क्या है', उसने तुरन्त कहा।

'सच में मैं फिर कभी बता दूँगा।' मैंने कहा।

'तुम्हारा कभी कोई बॉय फ्रैन्ड था।'

'नहीं। और तुमसे पूछने का कोई फायदा ही नहीं है तुम फिर कह दोगें। फिर कभी बताऊँगा।' उसने कहा।

'नहीं–नहीं थी एक इलैवन्थ क्लास में।'

'अच्छा वहीं है वो जिससे तुम्हें सच्चा वाला प्यार हुआ है', उसने जल्दी से कहा।

'नहीं–नहीं उससे नहीं हुआ है। वो तो किसी और से है। वो तो मेरी अब तक की फस्ट और लास्ट गर्लफ्रैन्ड थी।'

'अब तुमने ये तो बता ही दिया है', उसने कहा। 'अब वो भी बता दो कि सच्चा वाला प्यार किससे हुआ है।'

'अरे कहा ना मैंने, फिर कभी बता दूँगा।' मैंने हँसते हुए कहा।

'ओके। लेकिन पक्का बता देना।'

'हाँ–हाँ पक्का बता दूँगा।'

'अरे हाँ, मुझे याद आया', उसने हँसते हुए कहा, 'तुम्हें मेरे नाना जी कैसे लगे।'

'यार बहुत पकाऊ है तुम्हारे नाना जी।'

'अच्छा जी इतने पकाऊँ लगे आपको', उसने थोड़ा गुस्सा जताते हुए कहा।

अरे यार ये क्या कर दिया मैंने, मैंने मन ही मन जल्दी से सोचा।

'सॉरी यार नेहा', मैंने जल्दी से कहा। 'गलती से निकल गया।'

वो मेरी ये बात सुनकर हँसने लगी।

'डर गये ना तुम', उसने हँसते हुए कहा।

'तुम मजाक कर रही थी?' मैंने हैरानी से कहा।

'हाँ मैं मजाक कर रही थी', उसने हँसते हुए कहा।

'यार सच में मैं तो डर ही गया था।'

वो और जोर से हँसने लगी।

'यार बस करो अब', मैंने धीमी आवाज में हँसते हुए कहा।

'ओके-ओके', उसने हँसी रोकते हुए कहा। और चुप हो गई

'नेहा बुरा तो मानना मत लेकिन सच में बहुत पकाऊ है तुम्हारे नाना जी।'

'पहले मेरी कई फ्रैन्ड आया करती थी घर पर लेकिन उन्होंने एक-एक बार आकर, घर पर आना ही बन्द कर दिया', उसने हँसते हुए कहा। 'नाना जी उन्हें भी पकाने लगते थे, इसलिए अब वो बिल्कुल भी घर पर नहीं आती है, घर के बाहर से ही फोन करके मुझे बाहर ही बुला लेती है।'

उसकी ये बात सुनकर मैं भी हँसने लगा।

'अरे हाँ वो तुम कह रहे थे', उसने कहा।

'क्या कह रहा था मैं', मैंने उसकी बात बीच में ही काटते हुए जल्दी से कहा।

'नाना जी से नहीं कह रहे थे तुम?, कि तुम पुलिस ऑफिसर बनना चाहते हो।'

'अरे वो। वो तो मैंने वैसे ही कह दिया था।'

'तो फिर तुम करना क्या चाहते हो?' उसने कहा।

'मैं राईटर बनना चाहता हूँ', मैंने धीरे से कहा।

'सच में? उसने कहा।

'हाँ सच में', मैंने कहा। 'क्यों क्या हुआ?'

'नहीं-नहीं गलत मतलब मत समझना मेरा', उसने जल्दी से कहा। 'लेकिन तुम कैसी स्टोरी लिखना चाहते हो।' मान लो कि तुम्हें एक स्टोरी लिखनी है तो तुम उसमें क्या लिखोगें।

'मैं उस स्टोरी को इस तरह लिखूँगा कि उसे पढ़ने वाले हर एक व्यक्ति को पढ़ने के बाद ये लगे कि, ये तो मेरी ही स्टोरी है, उसमें वो-वो चीजें लिखूँगा, जो हर एक नॉर्मल व्यक्ति से होकर गुजरती है।'

'वाकई। सोच तो बहुत अच्छी है तुम्हारी', उसने कहा।

'लेकिन पापा मेरे राईटर बनने से खुश नहीं हैं।'

'क्यों?' उसने तुरन्त हैरानी से पूछा।

'वो चाहते है कि मैं इंजिनियर या डॉक्टर बनूँ। जो मेरे बस का नहीं है।'

'जो तुम्हारा दिल कहे तुम वो करना', उसने आवाज को धीमी करते हुए कहा।

मैं चुप रहा और उसकी बातें सुनता रहा।

'वैसे कभी भी तुमने नॉवल लिखा है?' उसने कहा।

'हाँ। दो साल पहले भी लिखे थे लेकिन वो मुझे अच्छे नहीं लगे। और एक के मैंने आज ही पेज फाड़कर जला डाले।'

'क्यों?' उसने जल्दी से कहा।

'वो इतना अच्छा नहीं था इसलिए।'

'तो अब तुम्हारी कोशिश जारी है या नहीं', उसने कहा।

'हाँ कोशिश तो जारी ही है।'

'ओके तो कल कॉलेज में मिलते है', उसने कहा। 'मुझे बहुत तेज नींद आ रही है।'

‘ओके। बाए’, मैंने कहा।

‘ओके बाए।’ उसने कहा। और कॉल कट कर दी।

मैं उस वक्त बहुत खुश था क्योंकि मैंने पहले कभी नेहा से इतनी देर बात नहीं की थी, मै काफी देर नेहा के बारे में सोचता रहा और कुछ देर बाद सो गया।

अगले दिन कॉलेज में मैं क्लास रूम के बाहर खड़ा था तभी मैंने देखा की नेहा मेरी ही तरफ आ रही थी।

‘हाए रोहन’, उसने एक छोटी सी स्माईल के साथ मेरे पास आकर कहा।

‘हाए’, मैंने भी एक छोटी सी स्माईल के साथ उसकी आँखों में आँखें डालकर कहा।

तभी पूजा वहाँ पर आ गई।

‘हाए नेहा’, पूजा ने कहा।

‘हाय’, नेहा ने भी कहा।

‘आओ-आओ इधर आओ तुमसे कुछ बात करनी है’, पूजा ने नेहा से कहा। और उसका हाथ पकड़कर वहाँ से थोड़ी सी दूर ले गई।

‘मैं भी उनके पास पहुँच गया और कहा। ‘नेहा मुझे तुमसे कुछ बात करनी है।’

‘सिर्फ दो मिनट रोहन’, पूजा ने रिक्वेस्ट करते हुए कहा।

‘ओके।’ मैंने कहा। और वहाँ से जैसे ही मैं वापस घुमा तभी मुझे सूरज मेरी तरफ आते हुए दिखाई दिया। मैं भी उसकी तरफ चल दिया।

'कैसा है?' सूरज ने मेरे पास आकर मुझसे हाथ मिलाते हुए कहा।

'ठीक हूँ। बस तू बता?' मैंने कहा।

'सुबह-सुबह ये दोनों क्या बातें कर रही है', उसने उन दोनों की तरफ देखते हुए कहा।

'पता नहीं। कुछ ज्यादा ही इम्पॉटेंट बात चल रही है इन दोनों के बीच में।'

तभी नेहा हमारे पास आ गई और पूजा वहाँ से क्लास रूम में अन्दर चली गई।

'सूरज।' नेहा ने कहा।

'हाँ।' सूरज ने कहा।

'एक बात पूछनी है तुमसे', नेहा ने कहा।

'हाँ कहो क्या बात है', सूरज ने कहा।

'पूजा को तो तुम जानते ही हो', नेहा ने कहा। 'वो जो मेरी फ्रैन्ड है।'

'हाँ-हाँ बिल्कुल अच्छी तरह से जानता हूँ', सूरज ने कहा। 'लेकिन तुम साफ-साफ कहो ना क्या बात है।'

'बात ये है कि पूजा तुमसे बहुत प्यार करती है', नेहा ने कहा। 'वो तुम्हारे हाँ या ना का जवाब सुनने के लिए बेताब है।'

नेहा की ये बात सुनते ही मैंने सोचा की यार अभी तक तो मेरे और नेहा के उस वाले रिलेशन की अभी दूर-दूर तक कोई खबर नहीं है लेकिन सूरज तो मुझसे भी दस कदम आगे निकला।

'पूजा क्लास रूम में है?' सूरज ने नेहा से कहा।

'हाँ अन्दर ही है', नेहा ने कहा।

नेहा की ये बात सुनते ही सूरज सीधा क्लास रूम में अन्दर चला गया।

'अच्छा यहीं बात कर रही थी पूजा तुमसे', मैंने कहा।

'हाँ', उसने मुस्कुराते हुए कहा।

'वाकई वो उससे प्यार करती है?' मैंने कहा

मैंने ऐसा इसलिए पूछा था क्योंकि उस वक्त मुझे बहुत दुःख हो रहा था।

सूरज और पूजा को देखकर नहीं बल्कि मेरे और नेहा के रिलेशन को देखकर क्योंकि मैं अब तक भी नेहा के साथ कुछ खास रिलेशन नहीं बना पाया था

'हाँ सच में वो बहुत प्यार करती है उससे।' उसने कहा।

कुछ देर हम यूँ ही खामोश खड़े हुए सूरज और पूजा का इंतजार करते रहे

तकरीबन बीस तीस सैकेण्ड्स के बाद सूरज और पूजा क्लासरूम से एक दूसरे का हाथ थामे हुए बाहर आ गए।

'थैंक्स नेहा', सूरज ने कहा। 'अगर तुम मुझ से नहीं कहती की ये मुझसे प्यार करती है तो ना तो ये मुझ से कह पाती और ना ही मैं।

'और ना ही मैं कह पाता मतलब' मैंने हैरानी से सूरज से पूछा।

'मतलब कि कल जब मैं तुझे बाईक पर कॉलेज में अपनी पसंद कि लड़की के बारे में बता रहा था ना? वो हकीकत में ये ही है', सूरज ने पूजा कि तरफ इशारा करते हुए कहा।

'अच्छा जी', मैंने हँसते हुए कहा। 'तब उस वक्त तो तू मुझसे ये कह रहा था कि मैं छुपा रुस्तम हूँ लेकिन अब तू ही बता कि कौन है छुपा रुस्तम।'

मेरी ये बात सुनकर वो तीनों हँसने लगे।

'मैं कल जब बाईक पर तुझसे पूछ रहा था', मैंने सूरज से कहा 'तब क्यूं नहीं बताया तूने मुझे।'

'सॉरी यार गलती हो गई', सूरज ने मुस्कुराते हुए कहा।

'सॉरी वोरी नहीं चलेगी' मैंने तुरंत कहा। 'बिल्कुल अभी पार्टी दे।'

'ओ.के. तो चलो', सूरज ने कहा। और हम चारों चल दिये।

सूरज और पूजा सूरज कि बाईक पर थे।

मैं और नेहा मेरी बाईक पर, पूजा सूरज से बिल्कुल चिपक कर बैठी थी लेकिन नेहा मुझसे थोड़ा डिस्टेंस बना कर बैठी थी।

'इन दोनों की जोड़ी अच्छी लग रही है ना', नेहा ने कहा।

'हाँ तुमने बिल्कुल सही कहा', मैंने कहा।

इतनी बात करने के बाद ना तो वो मुझ से कुछ कह रही थी और ना ही मैं।

और ऐसी ही कुछ देर में हम चारों इलाहाबाद रेस्टोरेन्ट में पहुँच गए। हम चारों एक ही टेबल पर बैठे थे।

'बताओ क्या लोगे', सूरज ने कहा।

'एक काम कर सब के लिए पास्ता आर्डर कर दे', मैंने कहा।

'ठीक है', उसने कहा। और एक वेटर को बुलाकर पास्ता आर्डर कर दिया।

'सॉरी यार मैंने अपनी पसंद का ही आर्डर कर दिया, मैंने जल्दी से नेहा और पूजा से कहा। मैंने तुम दोनों से तो पूछा ही नहीं।

'इट्स ओके', नेहा ने कहा। 'इसमें पसंद नापसंद वाली बात क्या है। जो तुम खाओंगे वहीं हम खा लेंगे क्यों पूजा?'

'हाँ नेहा सही कहा तुमने', पूजा ने कहा। 'जो तुम्हे अच्छा लगता है वहीं हम खा लेंगे।'

तभी वेटर पास्ता लेकर आ गया।

सबने पास्ता खाना शुरू कर दिया।

'कैसा लगा तुम दोनों को पास्ता', मैंने नेहा और पूजा से पूछा।

'हाँ हाँ अच्छा है', दोनों ने एक साथ कहा। और एक दूसरे के एक साथ बोलने को देखकर हँसने लगी।

पास्ता खत्म हो जाने के बाद जैसे ही वेटर खाली प्लेट्स को लेने आया तभी सूरज ने चार कॉफी और आर्डर कर दी।

वेटर कॉफी कप टेबल पर रख कर चला गया।

सभी धीरे धीरे कॉफी पीने लगे।

'नेहा एक बात पूछूँ तुमसे', सूरज ने कहा।

'हाँ पूछो', नेहा ने कहा।

'तुम्हे कभी किसी से प्यार हुआ है पहले या फिर अब', सूरज ने कहा।

'नहीं-नहीं ना तो पहले और ना ही अब', नेहा ने मुस्कुराते हुए कहा।

'ये तो बताएगी नहीं', सूरज ने कहा। 'पूजा तुम्हे पता है?'

'नहीं ये सच कह रही है', पूजा ने तुरंत कहा। 'अगर ऐसा कुछ होता तो ये मुझे जरूर बता देती।'

'अच्छा इतना भरोसा है अपनी फ्रेंड पर', सूरज ने मुस्कुराते हुए कहा।

'अच्छा तो तुम्हे भरोसा है तो तुम बता दो', नेहा ने सूरज से कहा। 'रोहन किसी लड़की से प्यार करता है कौन है वो?'

'अच्छा वो। वो तो पता है मुझे कौन है वो', सूरज ने मेरी तरफ देखकर मुस्कुराते हुए कहा।

मैं उसकी तरफ नेहा और पूजा से नजर छुपाकर आंखें बड़ी करने लगा। मुझे डर लगने लगा की कहीं ये नेहा को कुछ बता न दे।

'हाँ तो बताओ ना कौन है वो', नेहा ने सूरज से दोबारा पूछा।

'नहीं बता नहीं सकता', सूरज ने मुस्कुराते हुए कहा।

'पर क्यों?' नेहा ने तुरंत कहा।

'रोहन ने मुझसे मना कर रखा है', सूरज ने मुस्कुराते हुए कहा।

'रोहन कौन है वो, बता तो दो', नेहा ने कहा।

'अभी नहीं फिर कभी बताऊँगा', मैंने कहा।

जिस तरह से वो मुझ से पूछ रही थी ऐसा लग रहा था कि इस से अभी वो तीन शब्द बोल डालू, लेकिन मैं ऐसा कर भी तो नहीं सकता था क्योंकि मुझे डर था कि कहीं वो मुझे भी उन दो लड़कों कि तरह छोड़ ना दे।

'लेकिन अब क्यूँ नहीं बता सकते', नेहा ने फिर से कहा।

'अरे रहने दे नेहा ये नहीं बताएगा', पूजा ने कहा।

'यार तुम दोनों तो मेरे दोस्त के पीछे ही पड़ गई', सूरज ने मुस्कुराते हुए कहा।

'ओके ओके नहीं कह रहे हैं तुम्हारे दोस्त से कुछ भी', नेहा ने मुस्कुराते हुए कहा और इतना कहकर उसने अपनी कॉफी का आखिरी घूँट पीकर खाली कप टेबल पर रख दिया।

'और बताओ क्या लोगे', सूरज ने कहा।

'बस बस रहने दो' मैंने कहा।

'बस इतना सा ही', सूरज ने कहा।

'हाँ हाँ इतना ही', नेहा ने कहा।

'पूजा तुम्हे कुछ चाहिए', सूरज ने कहा।

'नहीं', पूजा ने जल्दी से कहा।

'तो फिर चले!' सूरज ने कहा।

'हाँ हाँ चलो', मैंने और नेहा ने अपनी कुर्सी से खड़े होते हुए कहा।

'इतनी जल्दी', पूजा ने सूरज कि आँखों में आँखे डालकर धीमी आवाज में कहा।

'ऐसा कर रोहन तू नेहा को घर ले जा', सूरज ने कहा। 'मैं और पूजा बाद में आ जायेंगे।'

मैंने मन ही मन सोचा की आज तो ये कुछ कर के ही मानेगा।

'ठीक है जैसी तुम दोनों की मर्जी, मैंने मुस्कुराते हुए कहा। और नेहा को बाईक पर लेकर चल दिया।

'लो ये आ गया तुम्हारा घर', मैंने बाईक नेहा के घर के सामने रोकते हुए कहा।

'आ जाओ अंदर', उसने बाईक से उतर कर कहा। 'चाय पी कर जाना।'

'नहीं–नहीं फिर कभी।'

'नाना जी से भी मिल लेना', उसने हँसते हुए कहा।

'नहीं नहीं अब तो बिल्कुल भी नहीं', मैंने हाथ जोड़कर हँसते हुए कहा।

'ओके', उसने हँसी थामते हुए कहा। बाये!

'बाये', मैंने कहा। और मैं बाईक लेकर घर आ गया।

शाम के करीब पांच बजे थे मैं घर के बाहर अपनी बाईक लेकर खड़ा था। मैंने सूरज के पास कॉल की।

'हेलो', सूरज ने कॉल रिसीव करने के बाद कहा।

'हाँ हेलो, सूरज कहाँ पर है तू?'

'घर पर हूँ क्यों क्या हुआ।'

'तू घर पर ही रहना मैं अभी तेरे घर पर आ रहा हूँ।'

मैं बाईक लेकर उसके घर पहुँच गया।

मैंने उसके घर के बाहर से ही उसके पास दोबारा कॉल की।

'हाँ हेलो कहाँ पर है तू', उसने कहा।

'तेरे घर के बाहर ही खड़ा हूँ', मैंने कहा। 'तू बाहर ही आ जा।'

'अभी आया' और इतना कह कर उसने फोन कट कर दिया।

'चल ना घर में अंदर चल', उसने मेरे पास आकर कहा।

'अरे मुझे तुम से सिर्फ एक छोटी सी बात ही करनी है।'

'हाँ हाँ मना थोड़े ही ना कर रहा हूँ मैं।' उसने कहा। 'पहले घर में अंदर तो चल।'

'चल', मैंने कहा और हम दोनों घर में अंदर पहुँच गए।

मुझे घर के अंदर सबसे पहले सूरज की मम्मी दिखाई दी, वो उस वक्त चाय की ट्रे लेकर अंकल जी के रूम की तरफ जा रही थी ट्रे पर चार पाँच चाय के कप रखे हुए थे।

'नमस्ते ऑन्टी जी', मैंने एक बार गर्दन नीचे की तरफ हिलाकर कहा।

'नमस्ते बेटा', उन्होंने कहा। 'सूरज रोहन को अपने रूम में ले जा।' और इतना कहकर वे वहाँ से चली गई।

सूरज मुझे अपने रूम में ले गया उसके रूम में सोफे बिछे हुए थे हम सोफे पर ही बैठ गए।

'कोई आया है क्या घर पर?' मैंने पूछा।

'हाँ पापा के चार पाँच फ्रैंड है। वो आये हैं', उसने कहा।

'अब कैसी तबीयत है उनकी।'

'अब ज्यादा वक्त नहीं बचा है', उसने धीमी आवाज में कहा।

मैंने सिर्फ सिर हिला दिया।

'अच्छा ये सब बात छोड़', उसने एकदम से कहा। 'तू मुझे ये बता की तू कौन सी इम्पोर्टेन्ट बात करने के लिए कह रहा था मुझसे।'

'अरे हाँ वो तो मैं भूल ही गया', मैंने कहा। 'आज सुबह नेहा से तुमने ये क्यों कहा था की तुम्हे उस लड़की के बारे में पता है जिस से मैं प्यार करता हूँ।'

'तो फिर उसमें क्या हुआ', उसने कहा।

'अब वो बार बार पूछेगी मुझसे की कौन है वो लड़की।'

'तो फिर तू उसे बता क्यूँ नहीं देता', उसने कहा।

'अरे यार नहीं बता सकता ना।'

'पर क्यों', उसने कहा।

'है एक कारण।'

'क्या?' उसने मेरी बात बीच में ही काटते हुए कहा।

'अभी कोई एक दो दिन पहले की रात की बात है मैं और नेहा फेसबुक पर एक दूसरे से चैट कर रहे थे और तब उसने मुझे बताया की उसकी मुझसे पहले दो और लड़कों से फ्रेंडशिप हुई थी लेकिन वो दोनों उस से मेरी तरह का रिलेशनशिप बनाना चाहते थे तो उसने उन दोनों से बात करना ही छोड़ दिया।'

'तो फिर अब तू कब तक चुप रहेगा', उसने कहा।

'तब तक जब तक वो खुद मुझसे वो तीन शब्द नहीं कहेगी।'

'और अगर उसने कभी कहा ही नहीं तो', उसने कहा।

'तो यार मैं उसे खोना नहीं चाहता ना कम से कम उसके करीब रहकर उस से बातें तो कर सकूँगा।'

'अगर तू कहे तो मैं पूजा से कहकर तेरे मन की बात नेहा तक पहुँचाऊँ', उसने कहा।

'नहीं नहीं बिल्कुल भी नहीं।'

'चल भाई जैसी तेरी मर्जी।'

'अरे हाँ आज क्या क्या किया था तूने पूजा के साथ', मैंने हल्का सा मुस्कुराते हुए कहा।

'एक सैकण्ड', उसने कहा और अपनी पेंट की जेब से मोबाईल निकाल लिया।

वो बारी बारी करके मुझे अपने और पूजा के फोटो दिखाने लगा। तभी एकदम से एक फोटो आया जिसमे पूजा, सूरज को किस कर रही थीं।

'अरे उसी फोटो को दिखा जो अभी पीछे चला गया।' मैंने जल्दी से कहा।

उसने वही फोटो ओपन कर दिया।

'आज तो भाई चौका मार दिया तूने', मैंने मुस्कुराते हुए कहा।

वो हँसने लगा।

और फिर हम दोनों एक साथ हँसने लगे।

'कहाँ कहाँ ले गया था तू उसे', मैंने कहा।

'रेस्टोरेन्ट के बाद मैं उसे मूवी दिखाने के लिए ले गया था', उसने कहा।

'मतलब की पूरे दिन भर मजे लिए थे तूने उसके साथ', मैंने एक छोटी सी स्माईल देते हुए कहा।

'हाँ', उसने हल्का सा हँसते हुए कहा।

'पता नहीं यार', मैंने कहा। 'मेरा वो दिन कब आएगा जब मैं और नेहा एक दूसरे को किस करेंगे।'

'आएगा आएगा बहुत जल्दी आएगा।'

'शायद तेरी बात सच हो जाये। और हाँ मुझे ये बता की तुझे पूजा से प्यार कब हुआ था।'

'मुझे वो कॉलेज के पहले दिन से ही अच्छी लगने लगी थी', उसने कहा। 'और बस जब अच्छी लगने लगी थी तो प्यार तो होना ही था।'

'सूरज कभी भी उसका भरोसा मत तोड़ना', मैंने सोफे से खड़े होते हुए कहा।

'हाँ जरूर बिल्कुल भी नहीं।'

'अब मुझे चलना चाहिए', मैंने कहा। 'मम्मी पापा मेरा इंतजार कर रहे होंगे।'

'ओके', उसने कहा। और मेरे साथ रूम के बाहर तक आ गया।

'एक बार अंकल जी से और मिल लेता हूँ', मैंने कहा।

'नहीं नहीं रहने दे', उसने जल्दी से कहा।

'पर क्यों।'

'उनकी हालत अब कुछ ज्यादा ही खराब है। तुझ से देखी नहीं जाएगी', उसने कहा।

'अरे मैं देख लूँगा।'

'मैं बोल रहा हूँ ना रहने दे', उसने कहा। 'उनकी हालत अब बहुत ही नाजुक है।'

'ओके यार', मैंने उसके कंधों पर हाथ रखते हुए कहा।

'अरे बेटे इतनी जल्दी चल दिए।' ऑन्टी जी ने मुझसे हमारे पास आकर कहा।

'ऑन्टी बहुत देर हो चुकी है मुझे, चलना चाहिए मम्मी पापा मेरा इंतजार कर रहे होंगे', मैंने कहा। अब मुझे चलना चाहिए।

'ठीक है बेटा', उन्होंने एक छोटी सी स्माईल के साथ कहा।

सूरज मुझे घर से बाहर छोड़ने के लिए मेरे साथ आया था।

'ओके', मैंने बाईक पर बैठकर बाईक स्टार्ट करते हुए कहा।

'ओके, उसने कहा। और मैं बाईक लेकर वापस अपने घर आ गया।

'मैं घर में पहुँचा ही था तभी मम्मी ने मुझ से कहा 'कहाँ गए थे रोहन तुम।'

'मैं सूरज के घर गया था।'

'रात को खाना खाने के बाद मैं अपने रूम में नॉवल लिख रहा था, मैं उस वक्त तक चार पेज लिख चुका था तभी मैंने वो नोट बुक बंद करके टेबल पर रख दी और जिस नॉवल को मैं रोज पढ़ता था उसे उठाकर पढ़ने लगा। कुछ देर उसे भी पढ़ने के बाद मैंने उसे भी

टेबल पर रख दिया। उस वक्त मुझे नेहा की याद आ रही थी, तभी तुरंत मैंने अपना मोबाईल निकाला और फेसबुक ऑन कर ली। मैंने देखा की नेहा तब तक ऑनलाइन नहीं हुई थी। मैंने तुरंत मोबाईल में टाईम देखा। उसमें ग्यारह बजने में सिर्फ दो मिनट ही बाकी थे। मैं उसका बेसब्री से इंतजार कर रहा था। कुछ देर बाद मैंने दोबारा मोबाइल में टाइम देखा, मोबाइल में ग्यारह बजकर सोलह मिनट हो चुके थे, उस वक्त मुझसे उसका और इंतजार नहीं किया जा रहा था इसलिए मैंने उसके पास कॉल कर दी लेकिन उसका फोन स्विच ऑफ था। मैंने कुछ देर रुक रुक कर काफी बार उसका फोन ट्राई किया लेकिन हर बार उसका फोन स्विच ऑफ आता रहा, बार बार ट्राई करते मुझे वक्त का पता ही नहीं चला और बारह बज गए। मैंने हार मान कर फोन साइड में रख दिया।

सुबह कॉलेज पहुँचने के बाद भी मैं बार बार नेहा का फोन ट्राई करता रहा लेकिन तब भी उसका फोन स्विच ऑफ ही आ रहा था। कुछ देर बाद मुझे नेहा और पूजा आती हुई दिखाई दी, मैं जल्दी से उनके पास पहुँच गया।

'हाए नेहा', मैंने कहा।

'हाए', नेहा ने कहा।

'नेहा कल से ही तुम्हारा फोन स्विच ऑफ जा रहा है', मैंने कहा। 'क्या हुआ तुम्हारे फोन को।'

'वो कल शाम को मुझसे पानी में गिर गया था', उसने कहा। 'और तब से ही वो ऑन नहीं हो रहा है।'

'मैकेनिक को नहीं दिखाया तुमने उसे', मैंने जल्दी से कहा।

'हाँ अभी मैं और पूजा मैकेनिक को ही दे कर आ रहे हैं उसे', उसने कहा।

‘कब तक ठीक कर देगा वो उसे’, मैंने कहा।

‘कॉलेज की छुट्टी तक तो कर ही देगा वो उसको ठीक’, उसने कहा।

उसकी ये बात सुनकर मुझे तसल्ली मिल गई।

चलो आखिरकार शाम को तो इस से बातें हो पाएँगी।

‘रोहन। सूरज नहीं आया अभी तक?’ पूजा ने कहा।

‘नहीं अभी तक तो नहीं आया’, मैंने कहा।

‘मैं अभी उस के पास फोन करती हूँ’, पूजा ने कहा। और अपना फोन हाथ में लेकर वहाँ से साइड में चली गई।

‘यार मैंने रात को तेरे मेसेज का दो बजे तक इंतजार किया था’, मैंने उस से जानबूझ कर झूठ बोलते हुए कहा।

‘दो बजे तक’, उसने एकदम हैरानी से कहा। ‘सॉरी यार।’

‘हाँ यार सच में।’

‘आज पक्का मैसेज करूँगी।’

‘पक्का?’ मैंने कहा।

हाँ पक्का।

तभी वहाँ से हमारी क्लास के कुछ लड़के गुजरे, वो मुझे और नेहा को घूर घूर कर देखे जा रहे थे। वो वही लड़के थे जो नेहा को इम्प्रेस करने के बारे में सोचते रहते थे, लेकिन जब तक मैं था वो ऐसा कुछ भी नहीं कर सकते थे। तभी सूरज मुझे बाईक से आते हुए दिखाई दिया, उस वक्त उसके हाथ में फोन था और वो किसी से फोन पर बातें कर रहा था। मैंने तुरन्त दूसरी तरफ घूम कर देखा की वो पूजा से ही बातें कर रहा था। तभी पूजा फोन कट कर के सीधा सूरज के पास पहुँच गई।

सूरज हमारे पास आ गया। और कहा। 'अरे वाह सुबह सुबह दोनों एक साथ खड़े हो।'

मैं और नेहा चुप रहे और सिर्फ एक छोटी सी स्माईल दी।

'चलो तो क्लास में चलते हैं', सूरज ने कहा। 'क्लास का टाईम हो चुका है।'

हम चारों क्लास रूम में पहुँच गए। लेक्चरार अटेंडेंस लेने के बाद हम सब को लेक्चर देने लगे।

सूरज और नेहा बार बार एक दूसरे की तरफ देखे जा रहे थे और मैं भी नेहा की तरफ देखे जा रहा था। लेकिन उसने एक बार भी मेरी तरफ नहीं देखा।

मैंने सोचा की यार पता नहीं ये मुझसे पटेगी भी या नहीं मैं उस वक्त हार मानने लगा था और फिर ऐसे ही समय बीतता गया और कॉलेज की छुट्टी हो गई। सभी धीरे धीरे क्लासरूम से बाहर निकल रहे थे' मेरी नजर तब भी नेहा पर ही थी मैं और सूरज जल्दी से क्लास से बाहर निकले।

'नेहा', मैंने जल्दी से थोड़ी तेज आवाज में कहा।

वो और पूजा मेरी आवाज सुनकर पीछे की तरफ घूम गई।

मैं और सूरज जल्दी जल्दी कदम रखते हुए उनके पास पहुँच गए।

'हाँ बोलो क्या बात है', नेहा ने मुझसे कहा।

'तुम दोनों अभी फोन लेने जाओगी ना?' मैंने कहा।

'हाँ जायेंगे', नेहा ने कहा। 'क्यों क्या हुआ।'

'मैं ये सोच रहा था कि क्यों ना मैं और सूरज तुम्हारे साथ चलकर तुम्हारा फोन भी ले आते हैं और तुम दोनों को तुम्हारे घर भी छोड़ देंगे', मैंने थोड़ा हिचकिचाते हुए कहा।

'नहीं नहीं हम चले जायेंगे', नेहा ने जल्दी से कहा। खामखां तुम दोनों क्यों परेशान होते हो।

'इसमें परेशान होने वाली क्या बात है', मैंने तुरंत कहा। 'फिर ये दोस्ती ही किस काम की।'

'ओके चलो', नेहा ने कहा।

हम चारों चल दिए। सूरज और पूजा सूरज वाली बाईक पर थे, मैं और नेहा मेरी बाईक पर। तब भी बिल्कुल वहीं वाला सीन था। पूजा सूरज से बिल्कुल चिपककर बैठी थी और नेहा मुझ से थोड़ा डिस्टेंस बना कर।

कुछ देर बाद हम नेहा का फोन लेकर, मैं और नेहा, नेहा के घर की तरफ चल दिए और सूरज पूजा को उसके घर छोड़ने के लिए चला गया।

'नेहा आज फेसबुक पर नौ बजे जरूर ऑनलाईन हो जाना।'

'ओके', उसने कहा।

'पक्का ना?'

'हाँ पक्का।' उसने हाँ शब्द को लम्बा खींचते हुए कहा।

'एक बात पूछनी है तुमसे।' उसने कहा 'लेकिन तुम सच सच बताना', उसने जल्दी से कहा।

'ओके सच बताऊँगा', तुम पूछो।

'सूरज, पूजा से प्यार करता भी है या फिर।' वो या फिर शब्द कहकर चुप हो गई।

'नहीं नहीं यार वो सच में बहुत प्यार करता है उससे।'

'तुम्हे कैसे पता', उसने कहा

'हाँ मैंने एक बार कहा था उससे कि तू कभी भी पूजा को धोखा मत देना।'

'फिर उसने क्या कहा था', उसने तुरंत मेरी बात बीच में काटते हुए कहा।

'वो कह रहा था कि वो उसे कभी भी धोखा नहीं देगा और वो उससे बहुत प्यार करता है।'

'चलो फिर तो ठीक है', उसने कहा।

'क्यों तुम्हे क्यों लगा था ऐसा कि वो उस से प्यार नहीं करता।' मैंने जल्दी से पूछा।

'नहीं नहीं लगता तो नहीं था लेकिन मैं सिर्फ ये सोच रही थी कि कहीं वो उसे बाद में धोखा ना दे दे।'

'नहीं नहीं ऐसा कुछ भी नहीं होगा', मैंने तुरंत कहा।

'मुझे ना वो लड़के बिल्कुल भी पसंद नहीं हैं', उसने कहा। 'जो पहले तो लड़की के साथ प्यार का नाटक करते हैं और फिर बाद में उसे छोड़ देते हैं।'

'इस चीज से तो बिल्कुल तुम्हारी और मेरी सोच मिलती है', मैंने कहा। 'मुझे भी ऐसे लड़के ही अच्छे लगते हैं जो बाद में धोखा नहीं देते।'

'अच्छा जी, फिर तो तुम किसी को धोखा नहीं दोगे', उसने मुस्कुराते हुए कहा।

'हाँ बिल्कुल भी नहीं दूँगा। बल्कि उस से शादी भी करूँगा।'

'वाकई', उसने कहा। और हँसने लगी।

मैं उसके सामने ऐसी बातें जान बूझ कर कर रहा था ताकि वो मुझे अपने लायक समझ सके।

'हाँ सच में', मैंने कहा।

तब हम दोनों उस के घर पहुँच गए। मैंने बाईक रोक दी और वो बाईक से उतर गई।

'नौ बजे, ध्यान है ना', मैंने कहा।

'हाँ हाँ ध्यान है', उसने घर में अंदर जाते हुए कहा।

मैं बाईक लेकर सीधा अपने घर आ गया, मैं मम्मी के पास गया। वो उस वक्त अपने रूम में टीवी देख रही थीं।

'मम्मी, पापा ऑफिस गए हैं?' मैंने उनके पास जाकर कहा।

'हाँ', उन्होंने कहा।

मैं वहीं मम्मी के पास बेड पर बैठ गया और कहा। 'मम्मी मेरे लिए खाना ले आओ।'

'अभी लाई', उन्होंने कहा। और मेरे लिए खाना लेने चली गई।

'मैं बारी बारी से चैनल बदले जा रहा था तभी एक चैनल मुझसे पीछे छूट गया जिस पर शोले फिल्म चल रही थीं। मुझे बहुत दिन हो गए थे शोले फिल्म देखे हुए, इसलिए मैंने तुरंत उस चैनल को लगा लिया।

और उसे देखने लगा। तब वो फिल्म स्टार्ट ही हो रही थीं और वहीं दूसरी तरफ मम्मी मेरे लिए खाना ले आई।

'कौन सी फिल्म स्टार्ट हो रही हैं ये', उन्होंने कहा।

'शोले।'

'शोले', उन्होंने जल्दी से कहा। 'बहुत दिन हो गए इस फिल्म को देखे हुए', इतना कहकर वो मेरे साइड में बैठ गई।

फिल्म पूरी तरह स्टार्ट हो गई, हम फिल्म को देखने का पूरा पूरा मजा ले रहे थे। फिल्म को देखते देखते ही मैंने खाना खा लिया। और आखिरकार शाम के साढ़े चार बजे फिल्म खत्म हो गई। फिल्म को देखने के बाद मुझे बहुत अच्छा महसूस हो रहा था, मैं वहाँ से अपने रूम में चला गया। और शाम को भी मैंने पापा के आने से पहले ही खाना खा लिया था।

पापा शाम को आ गए, मैं उस वक्त अपने रूम में दरवाजा बंद करके लेटा हुआ था, तभी कुछ ही देर बाद मुझे मेरे रूम के दरवाजे पर किसी के खटखटाने कि आवाज आई, मैं उठकर दरवाजे कि तरफ गया और दरवाजा खोल दिया, मैंने देखा कि वो पापा थे, वे रूम के अंदर आ गए।

'बैठ रोहन', उन्होंने मेरे कंधों पर हाथ रखकर मुझे बेड पर बिठाते हुए कहा। और खुद भी बैठ गए।

'सॉरी बेटा', उन्होंने धीमी आवाज में कहा। उस दिन के लिए।

'इट्स ओके पापा', मैंने धीरे से कहा। और उन्होंने मुझे बाँहों में भर लिया।

उनकी आँखों से आँसू निकलने लगे। उन्होंने मुझे खुद से दूर किया और कहा, 'उस दिन मेरी ही गलती थी तुम जो बनना चाहते हो बनो।'

मैं चुप रहा। और उनकी बातें सुनकर मेरी आँखें भी नम हो गई।

'अगर तुम राइटर बनना चाहते हो तो बनो', उन्होंने कहा। और इतना कहकर उनकी आँखों से और ज्यादा आँसू टपकने लगे।

तभी मम्मी वहाँ पर आ गई लेकिन मम्मी हमें रूम के दरवाजे से ही देख रही थीं।

मैं तब भी चुप रहा और उनकी बातें सुनता रहा।

'अगर तुम राइटर ही बनना चाहते हो तो पीछे मत हटना', पापा ने भारी आवाज में कहा, 'तुम एक बेहतरीन राइटर बनकर ही दम लेना।

'हाँ पापा मैं एक बेहतरीन राइटर बनकर दिखाऊँगा।' मैंने उनका हाथ थामते हुए कहा।

उस वक्त मैं और पापा कुछ ज्यादा ही इमोशनल हो गए थे।

'अरे अब चुप हो जाओ।' मम्मी ने तुरंत हमारे पास आकर कहा। 'दोनों ने क्या रोना धोना लगा रखा है।'

'रोहन चुप हो जा', पापा ने अपने आँसू पोंछकर मेरे आँसू पोंछते हुए कहा।

'सॉरी पापा, उस दिन मैं भी वहाँ से गुस्से में उठकर चला गया था' और इतना कहते ही मेरी आँखों में से आँसू बहकर टपक गए।

'रहने दे अब रोना बंद कर', पापा ने कहा।

'एक बात बता जब तेरे स्कूल में तेरे कम नंबर आते थे मैंने कभी भी उसके लिए तुझे डाँटा था?'

'नहीं', मैंने धीमी आवाज में कहा।

उस वक्त मेरे दिमाग में भी एकदम से ये सवाल उठा था कि हाँ वाकई पापा मुझे कभी भी डांटते नहीं थे लेकिन क्यों?

'तूने इसके बारे में कभी सोचा था कि मैं तेरे कम नंबर आने पर मैं तुझे डांटता क्यों नहीं था।'

'नहीं', मैंने दोबारा धीमी आवाज में कहा।

'वो इसलिए', उन्होंने धीरे से कहा, 'क्योंकि मेरी सोच हमेशा ये कहती है कि स्कूल में नंबर किसी के कम आते हैं तो किसी के ज्यादा आते हैं। कोई आगे निकल जाता है तो कोई पीछे रह जाता है।

जो पीछे रह जाता है उसका भविष्य उन कम नम्बरों पर तय नहीं हो जाता, जरूरी नहीं कि ज्यादा नंबर लाने वाला ही एक अच्छी नौकरी को प्राप्त करेगा और अच्छे पैसे कमाऐंगे। उस काम को वो कम नंबर लेकर भी कर सकते है। उस ज्यादा नम्बर लेने वाले से भी अच्छा। मेरे कहने का मतलब ये है कि बेटा इन कम या ज्यादा नम्बरों के आने से किसी का भविष्य तय नहीं हो जाता है, अपना भविष्य अपने हाथ में होता है और वो मेहनत से हासिल करना पड़ता है। और तुझे तो मेहनत करके दिखानी है। कर के दिखायेगा ना?'

'हाँ पापा जरूर कर के दिखाऊँगा।'

'रहने दो अब ज्यादा इमोशनल मत होइए दोनों', मम्मी ने मेरे सर पर हाथ फेरते हुए कहा।

'खाना खा लिया तूने', पापा ने मुझसे पूछा।

'हाँ, मैंने तो खा लिया, आप भी खा लीजिये।'

'ठीक है मैं खा लूँगा तू आराम कर', उन्होंने कहा। और वहाँ से चले गए।

'आज कैसे लगे तुझे तेरे पापा', मम्मी ने कहा।

'बहुत अच्छे', मैंने कहा।

'चल ठीक है तो तू आराम कर मैं तेरे पापा को खाना परोसने जा रही हूँ', उन्होंने कहा। और मेरे रूम का दरवाजा बंद कर के चली गई।

मैं उस वक्त बहुत खुश था। मुझे उस वक्त बहुत अच्छा लग रहा था। और इतनी खुशी मिलने के बाद सिर्फ एक और खुशी का इंतजार था कि कब मेरी नेहा से बातें हो पायेंगी। मैं कुछ देर बाद नॉवल लिखने लगा मुझे नॉवल लिखते लिखते काफी वक्त बीत गया।

लगभग नौ बजे के आस पास मेरे फोन में फेसबुक मैसेज आने कि आवाज हुई, मैंने जल्दी से फोन उठाकर देखा। वो नेहा का मैसेज था।

नेहा पटेलः हाए।

मैंने जल्दी से कॉपी पेन समेटकर बेड के साईड में रखी हुई टेबल पर रख दिए और जल्दी से बेड पर लेट गया।

रोहन शर्माः हाए।

नेहा पटेलः क्या कर रहे हो।

रोहन शर्माः कुछ नहीं बस नॉवल लिख रहा था।

नेहा पटेलः सॉरी यार मैंने तुम्हे डिस्टर्ब कर दिया।

उसे पता नहीं था कि मैं कितनी देर से तो उसका इंतजार कर रहा था और अब जब इंतजार का सब्र खत्म हुआ था तो वो ये सब कह रही थी।

रोहन शर्माः नहीं यार नॉवल का काम तो मैंने पाँच मिनट पहले ही कर लिया था।

रोहन शर्माः अब क्या कर रही हो तुम।

नेहा पटेलः कुछ नहीं बस लेटी हुई हूँ।

मैंने तभी जल्दी से सोचा कि आज से पूरी पूरी कोशिश करनी है इसको पटाने की।

रोहन शर्माः नेहा आज मैं बहुत खुश हूँ।

नेहा पटेलः वो कैसे।

रोहन शर्माः आज पहली बार पापा ने मुझसे कहा की तू राईटर बनना चाहता है तो बन, मैं तेरे साथ हूँ।

नेहा पटेलः वाकई?

रोहन शर्मा: सच में आज मैं बहुत खुश हूँ।

नेहा पटेल: मुझे भी अच्छा लगा ये बात सुनकर।

रोहन शर्मा: वॉईस कॉल करूँ।

नेहा पटेल: करो।

मैंने वॉईस कॉल कर दी।

'हैलो', उसने धीरे से कहा।

'हैलो', मैंने कहा। 'नेहा एक बात पूछूँ।'

'हाँ पूछो', उसने कहा।

'तुम क्या बनना चाहती हो।'

'मतलब?' उसने हैरानी से कहा।

'मतलब की तुम्हारा ऐम क्या है।'

'मैं कुछ भी नहीं बनना चाहती।'

'कुछ भी नहीं मतलब, मैंने एकदम से कहा।

'कुछ भी नहीं मतलब?' कुछ भी नहीं', उसने जल्दी से कहा।

'अरे बता दो ना', मैंने हल्की सी हंसी के साथ कहा।

'अरे वाकई, मैं कुछ भी नहीं बनना चाहती।

'तो फिर क्या सोच रखा है तुमने', मैंने कहा।

'मैं टेंशन फ्री जिन्दगी जीना चाहती हूँ।

'वाकई यहीं सोच रखा है तुमने, मैंने जल्दी से कहा।

'हाँ।'

'चलो अच्छा है कम से कम कोई टेंशन तो नहीं रहेगी तुम्हें।' मैंने हल्की सी हँसी के साथ कहा। 'और हाँ एक और सवाल पूछना है तुमसे।'

'हाँ हाँ दूसरा भी पूछो।'

'किस तरह का लड़का पसंद है तुम्हें।'

'तुम हमेशा ऐसे ही सवाल क्यों पूछते हो', उसने हल्का सा हँसते हुए कहा।

'पहले मेरे सवाल का जवाब तो दे दो।'

'सबसे पहली बात तो ये कि वो हाइट में मेरे बराबर का हो। और अगर मुझसे लम्बा भी हो तो सिर्फ आधा इंच।'

मैंने खुद से मन ही मन कहा। भगवान आपने मुझे इस से लम्बा क्यों बना दिया, मैंने ऐसा इसलिए कहा था क्योंकि मैं उस से दो ढाई इंच लम्बा था।

'और?' मैंने कहा।

'और उसकी बॉडी मस्त होनी चाहिए।'

'मतलब कैसै', मैंने तुरंत कहा।

'मतलब की उसके अच्छे ऐब्स होने चाहिए और उसकी अच्छी मसल्स होनी चाहिए। मतलब की बॉडी से बिल्कुल फिट होना चाहिए।'

मुझमें ये खूबी तो बिल्कुल भी नहीं थी।

'और?' मैंने बिल्कुल धीमी आवाज में कहा।

'क्या हुआ तुम्हारी आवाज को', उसने तुरंत कहा।

'नहीं कुछ भी तो नहीं हुआ', मैंने गले को साफ करते हुए कहा।

'नहीं, अभी तुम्हारी आवाज ऐसी आ रही थी जैसी की तुम उदास हो', उसने कहा।

'नहीं, गले में हिचकिचाहट सी आ गई थी।' मैंने अपना सच छिपाते हुए कहा।

'नहीं मुझे ऐसा ही लगा था।'

'हाँ और बताओ', मैंने बात बदलते हुए कहा।

'और उसकी ज्यादातर सोच मेरी सोच से मिलनी चाहिए।'

'और?' मैंने कहा।

'और, बस।'

'बस इतना ही', मैंने कहा।

'हाँ इतना ही', उसने कहा। और तुम्हें किस तरह की लड़की पसंद है।

आखिरकार अब मौका मिला था उसके सामने पॉइंट्स बनाने का तो मैं भला उसे क्यों छोड़ता। मैंने मौका हाथ से नहीं जाने दिया।

'उसकी आँखें बड़ी बड़ी हो', मैंने कहा।

'हूँ...!' उसने बहुत ही प्यार भरी धीमी आवाज में कहा।

उसकी आवाज में मुझे प्यार झलक रहा था।

उस वक्त उसकी आवाज मुझे बहुत प्यारी लग रही थी।

और मैं उसी की तरह प्यारी और धीमी आवाज में बातें करने लगा।

'और उसके होंठ पतले होने चाहिए', मैंने धीरे धीरे बिल्कुल प्यार भरी धीमी आवाज में कहा।

'हूँ... और', उसने भी बिल्कुल धीरे धीरे धीमी आवाज में कहा।

उस वक्त उसकी आवाज को सुनकर मेरे सारे शरीर में करंट सा दौड़ रहा था, और शायद मेरी आवाज को सुनकर उसके शरीर में भी दौड़ रहा होगा।

'और उसके बाल ना तो ज्यादा लम्बे ना ज्यादा छोटे होने चाहिए।

'हूँ... और', उसने धीरे धीरे शांत आवाज में कहा।

'और उसकी हाइट मुझ से दो ढाई इंच कम होनी चाहिए।'

मैंने और धीमी आवाज में उसकी साँसों को महसूस करते हुए कहा।

'हूँ... और', उसने कहा।

उस वक्त उसकी आवाज से तो ऐसा लग रहा था कि मानो जैसै कि वो मुझ से बहुत प्यार करती हो क्योंकि उस वक्त वो इतनी धीमी और शांत आवाज में बातें कर रही थी कि मैं उसकी सांस लेने कि आवाज को आराम से सुन सकता था। शायद उसने अपने होंठ फोन के माईक से बिल्कुल टच कर रहे थे।

'और उसकी नाक पतली और लम्बी होनी चाहिए', मैंने अपने होंठ फोन से बिल्कुल टच कर के कहा।

'हूँ... और', उसने फिर से धीमी और रोमांटिक आवाज में कहा।

और वो कभी भी मेरे अलावा किसी और लड़के के बारे में ना सोचे, मैंने भी धीमी और रोमांटिक आवाज में कहा। मैंने अभी तक अपनी पसंद की लड़की के बारे में जितनी भी खूबी बताई थी वो सारी की सारी नेहा से मैच करती थीं।

'हूँ... और', उसने धीरे से रोमांटिक आवाज में कहा।

वो उस वक्त बातें करते करते कुछ ज्यादा ही ओवर कण्ट्रोल हो गई थी।

'नेहा क्या हुआ तुम्हें, तुम ऐसी आवाज क्यों निकाल रही हो', मैंने जल्दी से कहा।

'हूँ...', उसने फिर से वहीं धीमी आवाज में कहा।

'नेहा क्या हुआ तुम्हें', मैंने फिर से थोड़ी तेज आवाज में कहा।

'हाँ हैलो क्या हुआ तुम इतनी तेज आवाज में क्यों बोल रहे हो', उसने अपना होश संभालते हुए कहा।

'अभी तुम्हें क्या हो गया था तुम ऐसे बातें क्यों कर रही थीं।'

'पता नहीं मुझे क्या हो गया था', उसने कहा। 'थोड़ा अजीब अजीब सा फील हो रहा था।'

मैं समझ गया था उसको अजीब अजीब सा क्या फील हो रहा था।

'अजीब अजीब सा?' मैंने हैरानी जताते हुए कहा। 'बॉडी में कुछ फील हो रहा था?'

'मुझे ये समझ में नहीं आया की आखिरकार बॉडी में हो क्या रहा था लेकिन जो भी हो रहा था अच्छा लग रहा था', उसने कहा।

मुझे विश्वास नहीं हो रहा था की उसे बातों ही बातों में वो सब फील होने लगा था।

'रोहन बाए अब मुझे नींद आ रही है।'

'ओके सो जाओ बाए', मैंने कहा और फोन कट कर दिया।

अगली सुबह मैंने देखा की नेहा पर मेरी रात की बातों का कुछ कुछ तो असर हुआ ही था क्योंकि वो क्लास में बार-बार मुझे देखे जा रही थी, लेकिन मैंने भी मौका हाथ से नहीं जाने दिया मैं भी उसे फुल लाइन दे रहा था।

और ऐसी ही मेरे और उसके बीच देखा देखी चलते हुए चार दिन बीत चुके थे, अब वो कुछ हद तक तो मेरी तरफ अट्रैक्ट हो ही गई थी। अब तो मुझे भी खुद पर कुछ कुछ यकीन होने लगा था कि हाँ एक दिन शायद ये मुझ से पट ही जाएगी।

मेरे और नेहा के रिलेशन को एक सीढ़ी चढ़े हुए चार दिन हो चुके थे, चौथे दिन की बात थी कॉलेज की छुट्टी होने पर सभी धीरे धीरे क्लास रूम से बाहर निकल रहे थे नेहा तब भी मुड़ मुड़कर

मेरी तरफ ही देखे जा रही थी और देखते ही देखते क्लास से बाहर निकल गई। मैं और सूरज जल्दी जल्दी कदम बढ़ाते हुए क्लास से बाहर निकल गए, नेहा और पूजा तब तक भी वहीं क्लास रूम से बाहर खड़े होकर हमारा इंतजार कर रही थीं।

मैं और सूरज उन दोनों के करीब गए।

'रोहन मेरे सर में बहुत तेज दर्द हो रहा है', नेहा ने कहा। 'क्या तुम मुझे अपनी बाईक से मुझे मेरे घर तक ड्रोप कर सकते हो।'

'हाँ हाँ वाय नोट, चलो मैंने कहा।

'तुम तो यह कह रही थी कि आज तुम्हें बहुत अच्छा फील हो रहा है', पूजा ने नेहा से तुरंत कहा।

'पता नहीं कैसे अभी–अभी हो गया', नेहा ने इस तरह कहा कि जैसे कि वह अपना सच छिपाने की कोशिश कर रही हो।

लेकिन उस वक्त मुझे बहुत खुशी हो रही थी क्योंकि आज उसने पहली बार खुद मुझसे मेरी बाईक पर मेरे साथ बैठने के लिए कहा था।

'चलें?' मैंने फिर से कहा।

'चलो', नेहा ने कहा। 'पूजा तू सूरज के साथ चली जाना।'

हम दोनों मेरी बाईक पर उसके घर की तरफ चल दिए।

काफी देर तक हम दोनों एक दूसरे से कुछ भी नहीं बोले। तभी मुझे मेरे सीने पर कुछ फील हुआ मैंने चुपके से आँखें झुका कर देखा तो वह नेहा का हाथ था जो कि धीरे–धीरे मेरे सीने को छूते हुए आगे बढ़ रहा था।

मैंने उससे उस वक्त जान बूझ कर कुछ भी नहीं कहा क्योंकि मुझे डर था कि कहीं वो अपने हाथ को वापस ना हटा ले मुझे उस

वक्त बहुत अच्छा फील हो रहा था वो धीरे-धीरे मेरे बिल्कुल करीब आ गई और कुछ देर तक वो मुझसे ऐसे ही चिपके रही। जैसे-जैसे उसका घर नजदीक आता गया वह मुझसे दूरी बनाती गई और फिर कुछ ही देर में हम उसके घर पहुँच गए। मैंने बाईक रोक दी। और वह बाईक से उतर गई।

'बाए', उसने प्यार से कहा।

'बाए', मैंने उसको गौर से देखते हुए कहा और बाईक लेकर मैं अपने घर की तरफ चला गया। उस वक्त बाईक पर चलते हुए मैं उस पल को बार बार महसूस कर रहा था जब वह मेरे बिल्कुल करीब सट कर बैठी हुई थी मैं उस वक्त बहुत खुश था।

कुछ ही देर में मैं घर पहुँच गया। रात के नौ बजे थे।

मैं बेसब्री से नेहा के मैसेज का इंतजार कर रहा था तभी मेरे फोन पर एक फेसबुक मैसेज आने की आवाज हुई।

नेहा पटेलः हाए रोहन।

उसके इस मैसेज को पढ़ते हुए मेरे चेहरे पर एक बड़ी सी स्माईल आ गई।

रोहन शर्माः हाए नेहा।

नेहा पटेलः क्या कर रहे हो।

रोहन शर्माः अब तो कुछ नहीं कर रहा बस कुछ देर पहले नॉवल लिखा था।

नेहा पटेलः और अब क्या कर रहे थे।

मैंने उसको बता दिया था कि अब तो मैं कुछ भी नहीं कर रहा हूँ लेकिन उसने दोबारा से वही बात पूछी मैंने सोचा कि क्यों ना पॉइंट बनाया जाए।

रोहन शर्माः तुम्हें याद कर रहा था।

नेहा पटेलः रियली?

रोहन शर्माः तुम्हारी कसम, सैड सिंबल के साथ।

रोहन शर्माः नेहा ऑडियो कॉल करूँ।

नेहा पटेलः नहीं।

रोहन शर्माः क्यों।

नेहा पटेलः बस ऐसे ही।

मैं उस से ज्यादा बहस नहीं करना चाहता था। इसलिए मैंने एक और मैसेज सेंड कर दिया।

रोहन शर्माः ओके जैसी तुम्हारी इच्छा, स्माईल सिंबल के साथ।

मैंने मैसेज स्माईल सिंबल के साथ इसलिए भेजा था ताकि वो ये न समझे की मैं उसके फैसले के खिलाफ हूँ।

नेहा पटेलः आज मैं तुमसे एक सवाल पूछना चाहती हूँ।

रोहन शर्माः हाँ पूछो।

नेहा पटेलः प्रॉमिस करो कि तुम मुझे सच सच बताओगे।

रोहन शर्माः ओके प्रॉमिस।

नेहा पटेलः तुम्हें मुझमें क्या क्या चीजें अच्छी लगती हैं।

रोहन शर्माः मतलब?

नेहा पटेलः मतलब कि फिजिकली।

रोहन शर्माः सबसे पहले तुम्हारे होंठ वो मुझे बहुत अच्छे लगते हैं।

नेहा पटेलः वो कैसै?

रोहन शर्मा: क्योंकि वो बहुत पतले पतले हैं।

नेहा पटेल: हूँ... और।

रोहन शर्मा: और तुम्हारी आँखें क्योंकि वो बड़ी बड़ी हैं।

नेहा पटेल: हूँ..., और।

रोहन शर्मा: और तुम्हारी नाक वो इसलिए क्योंकि वो लम्बी और पतली है।

नेहा पटेल: और।

मैं उस वक्त समझ गया था की वो मुझ पर फिदा हो चुकी थी तभी तो उसने मुझसे ऐसा सवाल पूछा था।

रोहन शर्मा: और तुम्हारा बात करने का अंदाज, बाय, रोहन शर्मा।

नेहा पटेल: और।

रोहन शर्मा: बस।

रोहन शर्मा: अब तुम बताओ की तुम्हें मुझमें क्या क्या पसंद है।

नेहा पटेल: मुझे तो तुम सारे ही अच्छे लगते हो।

रोहन शर्मा: ये कैसा जवाब हुआ भला।

नेहा पटेल: अब जवाब तो जवाब ही है।

रोहन शर्मा: चलो ठीक है।

नेहा पटेल: रोहन आज मुझे कुछ काम है मैं तुमसे कल बात करूँगी।

मैं ये मैसिज पढ़कर सोचने लगा कि यार अभी देर ही कितनी हुई है इसे और मुझे बात करते हुए, लेकिन मैंने उसकी बात के खिलाफ न जाते हुए एक मैसिज सेंड किया।

रोहन शर्मा: ओके बाय।

नेहा पटेल: ओके बाय, गुडनाईट।

और फिर कुछ ही सैकेंण्ड में वो ऑफलाइन हो गई।

मेरा उस वक्त उस से बातें करके दिल नहीं भरा था मैं तब भी बार बार उसी के बारे में सोच रहा था।

और फिर कुछ देर बाद मैंने अपनी नॉवल की नोटबुक और पेन उठाया और नॉवल लिखना स्टार्ट कर दिया, काफी देर तक मैं नॉवल लिखता रहा और फिर कुछ देर बाद मुझे नींद आने लगी। मैंने नॉवल नोटबुक बैड के साइड में रखी हुई टेबल पर रख दी। और बैड पर लेट कर फोन में म्यूजिक सुनते हुए सो गया।

करेक्ट बारह बजे मेरे फोन की रिंग बजने लगी।

मैंने आँखें झपकाते हुए देखा कि वो नेहा कि कॉल थी। मैंने तुरंत फोन में टाईम देखा उसमें करेक्ट बारह बज रहे थे, मैं हैरान था कि इतनी रात को नेहा कि कॉल क्यों आई थी।

'हैलो', मैंने नींद भरी आवाज में कॉल रिसीव करने के बाद कहा।

'हैप्पी बर्थडे रोहन', उसने अपनी खुशी जताते हुए कहा।

मैं हैरान रह गया कि ये मुझे बर्थडे विश क्यों कर रही है लेकिन तभी मुझे एकदम से याद आया कि आज तो दो अगस्त है और मेरा जन्मदिन है।

मैं उसके मुँह से ये लब्ज सुनकर अंदर ही अंदर बहुत खुश हो रहा था।

'थैंक्स नेहा लेकिन तुम्हें कैसे पता चला कि आज मेरा जन्मदिन है।'

‘मुझे पूजा ने बताया था’, उसने कहा।

मैं समझ गया था कि पूजा को सूरज ने जानबूझकर बताया होगा। चलो ये काम तो अच्छा कर दिया था सूरज ने।

‘थैंक्स नेहा’, मैंने दोबारा से कहा। मुझे सबसे पहले तुमने ही विश किया है मुझे बहुत अच्छा लगा।

‘कल के लिए क्या प्लान बनाया है तुमने’, उसने कहा।

‘अभी तक तो कुछ भी नहीं सोचा है।’ मैंने कहा।

‘कुछ भी नहीं सोचा?’ उसने हैरानी से कहा।

‘तुम बताओ क्या करूँ।’

‘सुबह कॉलेज में बता दूँगी।’

‘पक्का?’

‘हाँ हाँ। ओके बाय अब काफी रात हो चुकी है कल सुबह कॉलेज में मिलते हैं।’

‘ओके बाय।’ मैंने कहा और कॉल कट कर दी।

मैं लेटे हुए कल के बारे में सोच रहा था।

अगली सुबह मैंने अंगड़ाई लेते हुए आँखें खोली ही थी तभी।

‘हैप्पी बर्थडे रोहन’, मम्मी और पापा दोनों ने मुझसे एक साथ कहा।

मैंने पहले तो उन्हें हैरानी से देखा और फिर मैं खुश हो गया।

‘थैंक्स मम्मी, थैंक्स पापा।’

‘लो ये तुम्हारा बर्थडे गिफ्ट है’, पापा ने मेरे हाथ में एक बुक थमाते हुए कहा।

मैंने उस बुक को सीधा करके गौर से देखा उस पर चंद्रकांता लिखा हुआ था वो चंद्रकांता नॉवल था, वो बहुत ही मोटी बुक थी लेकिन मैं अपने बर्थडे गिफ्ट को पाकर बहुत खुश था।

'लो ये मेरी तरफ से तुम्हारा बर्थडे गिफ्ट', मम्मी ने मुझे एक दूसरी बुक हाथ में थमाते हुए कहा।

मैंने उस बुक को गौर से देखा वो मालगुडी डेज नॉवल था वो भी एक बहुत बड़ा नॉवल था।

'आज मैं बहुत खुश हूँ', मैंने कहा। 'थैंक्स मम्मी थैंक्स पापा।'

'कैसे लगे तुम्हें बर्थडे गिफ्ट्स', पापा ने पूछा।

'बहुत बहुत बहुत अच्छे', और इतना कहकर मैंने मम्मी और पापा को एक साथ गले लगा लिया।

और फिर कुछ ही देर बाद मैं कॉलेज के लिए तैयार होने लगा।

मैं उस दिन बहुत खुश था क्योंकि उस दिन तब तक मेरे साथ सिर्फ अच्छा ही अच्छा हुआ था। सबसे पहले मुझे नेहा ने विश कर दिया था, और फिर पापा मम्मी का वो गिफ्ट पाकर मैं बहुत खुश था। मैंने अपनी वाइट शर्ट और ब्लैक पेंट निकालकर पहन ली।

मैं बाईक लेकर कॉलेज पहुँच गया, मैं बाईक खड़ी कर ही रहा था तभी मुझे सूरज, पूजा और नेहा जल्दी से मेरी तरफ आते दिखाई दिए, मैंने बाईक खड़ी कर दी।

'हैप्पी बर्थडे रोहन', उन तीनों ने एक साथ जोर से कहा।

'थैंक्स यार', मैंने एक बड़ी सी स्माईल के साथ कहा।

'ब्लैक शर्ट में कूल लग रहे हो', नेहा ने हल्की सी स्माईल देते हुए मुझसे कहा।

'थैंक्स', मैंने कहा।

'हाँ तो हम तीनों ने ये फैसला किया है कि तुम अब हमें अपनी बर्थडे पार्टी नहीं दोगें।' सूरज ने कहा।

'क्या?' मैंने हैरानी से कहा।

'यानि कि पार्टी अब तुम हमें अपनी गर्लफ्रेंड के साथ ही दोंगे', सूरज ने एक छोटी सी स्माईल के साथ कहा।

'मेरी गर्लफ्रेंड तो अभी है ही नहीं', मैंने कहा। 'तो मैं फिर किस के साथ दूँगा।'

'अभी ही तो नहीं है', सूरज ने कहा। 'कभी तो बनेगी ही।'

'और अगर नहीं बनी तो', मैंने हल्का सा हँसते हुए कहा।

'एक दिन जरूर बनेगी', नेहा ने मेरी आँखों में आँखें डालकर बिल्कुल प्यार से धीमी आवाज में कहा।

मैं समझ गया था कि वो क्या कहना चाहती थी, उसका इस तरह मेरी आँखों में आँखें डालकर ये बात कहना साफ साफ जाहिर कर रहा था।

'शायद तुम्हारी बात सच हो जाए', मैंने कहा।

'अब चलें क्लासरूम में', सूरज ने कहा।

'सूरज मुझे तुमसे कुछ बात करनी है', मैंने कहा। 'तुम दोनों चलो हम दोनों कुछ ही देर में आते हैं।'

इतना सुनकर वो दोनों वहाँ से चली गई।

'ये प्लान किसका था', मैंने कहा। 'कि जब तक मेरी गर्लफ्रेंड नहीं बन जाएगी तब तक तुम सब मुझ से पार्टी नहीं लोगे।'

'ये नेहा का आईडिया था', उसने कहा।

'आज तो यार मैं तुझे पक्का बता सकता हूँ कि वो तुझसे प्यार करती है।'

'वो कैसे', मैंने तुरंत पूछा।

'जैसे आज वो तेरे बारे में बातें कर रही थी ना, उस से साफ जाहिर हो रहा था कि वो तुझसे प्यार करती है।'

'क्या कह रही थी वो', मैंने जल्दी से पूछा।

'वो कह रही थी कि जब तक तेरी कोई गर्लफ्रेंड नहीं बन जाती तब तक हम तुझसे पार्टी नहीं लेंगे। उसकी ये बात सुनकर मैंने भी उसको नहीं टोका। मैंने सोचा कि जो हो रहा है उसे होने देना चाहिए। यानि कि वो तुझसे प्यार करती है।'

'ये बात तो तूने बिल्कुल ठीक कही है, लेकिन यार मुझे डर है कि कहीं ये हमारी गलतफहमी ना हो।'

'यार उसकी बातों से तो साफ साफ जाहिर हो रहा है', उसने कहा। 'तो भला गलतफहमी कैसे हो सकती है।'

'तू कह तो ठीक रहा है', लेकिन मैं रिस्क नहीं ले सकता।

'यानी कि तू अब उससे कभी कहेगा ही नहीं इस बारे में।'

'मैंने तुझे पहले ही बता दिया था', मैंने कहा।

'हाँ बताया था', उसने कहा।

'बस तो अब भी वहीं फैसला है मेरा', मैंने कहा। 'और पूजा को तूने ही बताया था मेरे बर्थडे के बारे में।'

'हाँ मैंने ही बताया था', उसने कहा। 'मैंने जानबूझकर बताया था, ताकि वो नेहा को बता दे।'

'थैंक्स यार। तूने सही किया, आज रात को बारह बजे नेहा ने मुझे कॉल करके बर्थडे विश किया था।'

'सच में?' उसने जल्दी से स्माईल देते हुए कहा।

'हाँ', मैंने मुस्कुराते हुए कहा।

'चलो मेरा कुछ तो फायदा हुआ', उसने मुस्कुराते हुए कहा।

'चलें अब क्लास में', मैंने कहा।

'चल।'

और हम क्लासरूम के दरवाजे पर पहुँच गए।

उस वक्त लेक्चरार अटेंडेंस लेने के बाद लेक्चर दे रहे थे।

'मे आई कम इन सर?' मैंने और सूरज ने कहा।

'यस कम इन', लेक्चरार ने कहा।

हम क्लास के अंदर दाखिल हो गए।

'क्या रोल नंबर हैं तुम दोनों के?' लेक्चरार ने कहा।

'फिफ्टी टू', मैंने कहा।

'फिफ्टी नाइन', सूरज ने कहा

'ओके टेक योर सीट', लेक्चरार ने कहा।

हम दोनों बीच की रॉ में सबसे लास्ट वाली बेंच पर जाकर बैठ गए।

पूजा सूरज की तरफ बार बार देखे जा रही थी, और नेहा मेरी तरफ, कुछ देर ऐसा ही सिलसिला चलता रहा।

'देख देख वो देख रही है तेरी तरफ', सूरज ने मुझमें कोहनी मारकर फुसफुसाते हुए कहा।

जब वो मेरी तरफ देखती थी तो मेरी नजर उसके होठों पर जाती थी। मन तो ऐसा कर रहा था की अभी उठकर उसके होंठों को चूम लूँ। लेकिन अभी तक मेरा और उसका रिलेशन इतना आगे नहीं बढ़ा था।

वो कॉलेज की छुट्टी होने तक बार बार मेरी तरफ देखती रही।

कॉलेज की छुट्टी हो गई लेकिन आज उसने मुझसे लिफ्ट नहीं मांगी, वो और पूजा कॉलेज के बाहर ऑटों का इंतजार कर रही थीं।

मैंने और सूरज ने बाईक स्टार्ट कर के चलाई ही थी तभी उनके पास एक ऑटो जाकर रूक गया। नेहा ने एक प्यारी सी स्माईल देते हुए एक बार पीछे मुड़कर मेरी तरफ देखा और फिर ऑटो में बैठकर चली गई।

'मैं अपने घर पहुँच गया। मैं खाना खाने के बाद अपने रूम में बैठकर मम्मी और पापा दोनों के दिए हुए नॉवल में से ये चुन रहा था की कौन सा नॉवल पढ़ू। चन्द्रकांता उसमें लवस्टोरी का नॉवल था और मुझे लवस्टोरी नॉवल ही अच्छे लगते थे, इसलिए मैंने सबसे पहले चंद्रकांता को पढ़ने का फैसला किया।

'मैंने चंद्रकांता को पढ़ना स्टार्ट कर दिया, मुझे उसमें दी गई इनफार्मेशन बहुत पसंद आ रही थी, धीरे धीरे मुझे उसे पढ़ने में बहुत मजा आने लगा, मैं काफी देर तक उसे पढ़ता रहा, और पढ़ते पढ़ते ही शाम हो गई, उस वक्त पापा भी ड्यूटी से आ चुके थे।

कुछ ही देर बाद मुझे एक आवाज सुनाई दी।

'रोहन', पापा ने तेजी से आवाज दी।

मैं अपने रूम से बाहर निकला।

'क्या कर रहे हो', पापा ने अपनी टाई को गर्दन से ढीला करते हुए कहा।

'कुछ नहीं बस आपके दिए हुए नॉवल को पढ़ रहा था।'

'ओह सॉरी पढ़ो पढ़ो', उन्होंने जल्दी से कहा।

'नहीं नहीं बताईए आपको क्या काम है।

'नहीं कोई काम नहीं है', उन्होंने कहा, 'मैं तो सिर्फ ये देख रहा था की तुम यहीं पर हो या नहीं।'

'ओके', मैंने कहा। और वापस अपने रूम में आ गया।

मुझे इस नॉवल को पढ़ने में इंटरेस्ट आ रहा था इसलिए मैं इसे लगातार पढ़े ही जा रहा था तभी कुछ ही देर बाद फिर से आवाज आई।

'रोहन', वो मम्मी की आवाज थी। 'जी मम्मी', मैंने रूम से ही तेज आवाज में कहा।

'आजा, खाना खा ले', मम्मी ने तेज आवाज में कहा।

'मुझे भूख नहीं है मैं सिर्फ दूध पियूँगा।' मैंने तेजी से कहा।

'ठीक है', उन्होंने तेज आवाज में कहा। सात बज चुके थे तब भी मैं नॉवल को पढ़े ही जा रहा था, फिर मैंने नॉवल साइड में रख दी, और अपनी नॉवल नोटबुक उठाकर पढ़ने लगा, मुझे चंद्रकांता नॉवल पढ़ने के बाद अपनी लिखी हुई नॉवल पसंद नहीं आ रही थी, मैं अपनी नॉवल के चालीस पेज लिख चुका था मैंने वो सारे पेज फाड़ दिए।

पता नहीं की मैं एक अच्छा राइटर बन भी पाऊँगा या नहीं, मैंने खुद से कहा मैंने कितनी बार नॉवल लिखे हैं और कितनी बार उन्हें जला दिया है।

मैं अंदर ही अंदर खुद से हार मानने लगा था।

लेकिन मैं इतनी जल्दी हार नहीं मान सकता, मैंने दोबारा अपने आप से कहा। मुझे और कोशिश करनी चाहिए।

मैं एक और अच्छी स्टोरी के बारे में सोचने लगा। लेकिन उस वक्त मेरा दिमाग काम नहीं कर रहा था, मैंने सोचा की एक बार रूम

से बाहर घूम आता हूँ और वापस आते वक्त अपना दूध भी ले आऊँगा।

मैं कुछ देर टहलने के लिए अपने घर की छत पर चला गया। थोड़ी ही देर बाद नीचे आ गया।

'मम्मी मुझे मेरा दूध दे दीजिये।' मैंने मम्मी के पास जाकर कहा।

'रुको अभी लाती हूँ', वो इतना कहकर वह से रसोई की तरफ चली गई।

पापा उस वक्त वहीं बड़ी टेबल पर बैठकर खाना खा रहे थे।

कुछ ही देर में मम्मी मेरा दूध ले आई।

'ये लो', उन्होंने दूध का गिलास मेरे हाथ में थमाते हुए कहा।

मैं दूध का गिलास लेकर वापस अपने रूम में आ गया।

मैं पूरा पूरा ध्यान लगाकर बड़ी ही गहराई से एक नई, अच्छी और बेहतरीन स्टोरी को खोजने की कोशिश कर रहा था, काफी देर सोचने के बाद भी मुझे कोई अच्छी स्टोरी का सुझाव नहीं आया। मैं भी बेवकूफी ही कर रहा था जो की इतनी जल्दी दूसरी स्टोरी सोचने लगा था, लेकिन मैंने अबकी बार खुद से वादा कर लिया था की अबकी बार एक अच्छी स्टोरी लिखकर दिखाऊँगा।

उसके बाद मैंने दूध पी लिया और फिर से वही चंद्रकांता नॉवल पढ़ने लगा।

साढ़े आठ बजे मेरे फोन पर फेसबुक मैसेज आने की साउंड हुई। मैंने जल्दी से फोन उठाकर देखा लेकिन वो मैसेज मेरे बहुत दूर के दोस्त रोहित बाल्यान का था।

रोहित बाल्यानः हाए रोहन।

हाए रोहित मैंने टाइप तो कर दिया लेकिन फिर मैंने सोचा की नहीं नहीं मुझे इसे सेंड नहीं करना चाहिए, अगर मैं इस मैसेज को सेंड कर दूँगा तो फिर ये मुझसे चैट करने लगेगा।

और उस वक्त सिर्फ मैं नेहा से ही चैट करना चाहता था, इसलिए मैंने रिप्लाई नहीं किया।

मैं फिर से नॉवल पढ़ने में लग गया, तकरीबन नौ बजे के करीब फिर से मेरे फोन पर, फेसबुक मैसेज आने की साउंड हुई, मैं उस मैसेज के आते ही खुश नहीं हुआ क्योंकि वो मैसेज किसी और का भी हो सकता था। लेकिन फिर भी मैंने फोन उठाकर मैसेज को देख ही लिया, वो नेहा का मैसेज था। मैं उसके मैसेज को देखते ही खुश हो गया।

नेहा पटेलः हाय रोहन, बाय।

रोहन शर्माः हाय।

रोहन शर्माः मैं तुम्हारे मैसेज का ही वेट कर रहा था।

नेहा पटेलः क्यों।

रोहन शर्माः तुम्हारी याद आ रही थी इसलिए।

नेहा पटेलः सच में? स्माईल सिंबल के साथ।

रोहन शर्माः हाँ सच में।

नेहा पटेलः आज तो तुम्हें एक गुड न्यूज सुनानी है।

रोहन शर्माः बताओ तो क्या है वो गुड न्यूज।

नेहा पटेलः मेरी फैमिली यही इलाहाबाद आने वाली है।

अरे यार ये क्या हुआ, मैंने अपने आप से उसका ये मैसेज पढ़ने के बाद कहा।

वो उसके लिए तो गुड न्यूज थी लेकिन मेरे लिए वो बैड न्यूज थी, क्योंकि अब जब उसकी फैमिली यहाँ आ जाएगी तो वो उस पर पूरी पूरी नजर रखेगी।

रोहन शर्माः वाकई?

नेहा पटेलः अरे सच में आ रही है।

रोहन शर्माः कब?

नेहा पटेलः परसों।

रोहन शर्माः चलो अच्छा है।

नेहा पटेलः कैसा रहा तुम्हारा आज का दिन।

रोहन शर्माः वैरी वैरी गुड।

नेहा पटेलः वो कैसै।

रोहन शर्माः वो ऐसे की सबसे पहले तो तुमने मुझे विश कर दिया था और फिर उसके बाद सुबह होते ही मम्मी और पापा ने मुझे विश किया और एक एक नॉवल मुझे अपनी तरफ से दी।

नेहा पटेलः अरे ये तो बहुत अच्छा हुआ, तुम्हारे साथ।

रोहन शर्माः नेहा जब तुम्हारे घरवाले आ जायेंगे तब तो तुम मुझसे रात को बातें नहीं किया करोगी।

नेहा पटेलः नहीं नहीं चैट तो कर ही लिया करूँगी लेकिन फोन पर बातें नहीं कर पाऊँगी।

रोहन शर्माः यहाँ आने के बाद फिर वापस कब जाएगी तुम्हारी फैमिली।

नेहा पटेलः नहीं नहीं हमेशा के लिए आ रही है।

हमेशा के लिए मैंने अपने आप से हैरानी से कहा।

मैं इस मैसेज को पढ़कर और ज्यादा घबरा गया।

रोहन शर्मा: फिर तो तुम्हें बहुत ज्यादा खुशी हो रही होगी।

नेहा पटेल: हाँ हाँ मैं बहुत खुश हूँ।

नेहा पटेल: रोहन अब तुम अपनी बर्थडे पार्टी कितनी जल्दी देने वाले हो।

रोहन शर्मा: तुमने ही तो कहा था की अपनी गर्लफ्रेंड के साथ ही देना।

नेहा पटेल: हाँ-हाँ मेरा मतलब भी यहीं है की गर्लफ्रेंड के साथ कब देने वाले हो।

रोहन शर्मा: पता नहीं।

नेहा पटेल: पता नहीं का क्या मतलब।

रोहन शर्मा: मतलब की मेरी गर्लफ्रेंड तो कभी बनेगी ही नहीं और तुम्हारी पार्टी तुम्हें कभी मिलेगी ही नहीं।

मैंने ये मैसेज जान बूझकर सेंड किया था, मैं ये देखना चाहता था की वो इस मैसेज को पढ़ने के बाद क्या रिप्लाई देगी।

नेहा पटेल: अरे क्यों नहीं बनेगी भला कमी ही क्या है तुममें।

रोहन शर्मा: अच्छा तो ये बता दो कि अच्छा ही क्या है मुझमें।

मैं चैट के जरिये उसके अंदर की छिपी हुई फीलिंग्स को उभारना चाहता था।

नेहा पटेल: तुम स्मार्ट हो, तुम्हारी हाईट भी ठीक है और तुम्हारा लुक भी हीरो जैसा ही है।

यानि की इस मैसेज से ये तो साबित हो चुका था की कहीं न कहीं तो उसके दिल में मेरे लिए फीलिंग्स तो थी।

रोहन शर्मा: यार मुझे तो नहीं लगता।

नेहा पटेल: तुम तो जानबूझकर कहोंगे ही कि तुम स्मार्ट नहीं हो।

रोहन शर्मा: मैं तो हूँ ही नहीं स्मार्ट, हाँ लेकिन तुम जरूर हो।

नेहा पटेल: तुम अच्छा मजाक कर लेते हो लाफिंग स्माईल के साथ।

रोहन शर्मा: भला ये भी कोई मजाक है तुम स्मार्ट हो तो हो ही।

नेहा पटेल: हाँ सही कहा तुमने मैं स्मार्ट ही हूँ।

शायद उसने ये मैसेज बात खत्म करने के लिए ही सेंड किया था, शायद वो समझ गई थी की जब तक वो खुद ये नहीं कह देगी की हाँ मैं हूँ स्मार्ट तब तक मैं उसका पीछा नहीं छोड़ूँगा।

रोहन शर्मा: देखा कह दिया ना की तुम स्मार्ट हो।

नेहा पटेल: वो तो मुझे भी पता था की जब तक मैं नहीं कह देती ना की मैं स्मार्ट हूँ तब तक तुम मेरा पीछा ही नहीं छोड़ोगे

ये मैसेज पढ़कर मैं हंस पड़ा।

रोहन शर्मा: सही कहा तुमने।

रोहन शर्मा: ऑडियों कॉल करुँ।

नेहा पटेल: नहीं।

उस दिन उसने फिर से ऑडियों कॉल करने के लिए मना कर दिया, मैं हैरान था की आखिरकार उसे हो क्या गया था, की जो अब वो मुझसे पिछले कुछ दिनों से ऑडियों कॉल करने के लिए मना कर देती थी, कई दिनों में उसने सिर्फ रात को मेरे पास बर्थडे विश करने के लिए कॉल की थी और वो भी सिर्फ कुछ ही देर के लिए।

रोहन शर्मा: लेकिन क्यों।

नेहा पटेलः क्यों चैट नहीं कर सकते।

रोहन शर्माः हाँ कर सकता हूँ।

नेहा पटेलः ‘तो करो।

लेकिन मुझे ज्यादा दुःख इसलिए हो रहा था क्योंकि सिर्फ आज का दिन ही बीच में था और फिर उसके बाद तो उसकी फैमिली आ ही जाती और फिर कभी भी वो मुझसे फोन पर बातें नहीं कर पाती

रोहन शर्माः नेहा सॉरी यार।

नेहा पटेलः किसलिए।

रोहन शर्माः क्या मुझसे कोई गलती हो गई तुमसे फोन पर बात करते वक्त।

तभी मेरे फोन की स्क्रीन पर सूरज का मैसेज फ्लैश हुआ

सूरजः हाए रोहन।

रोहन शर्माः कल कॉलेज में बात करेंगे मैं अभी नेहा से बातें कर रहा हूँ।

नेहा पटेलः अरे नहीं ऐसा कुछ भी नहीं है।

रोहन शर्माः तो फिर।

नेहा पटेलः बस वैसी ही आज मन नहीं है मेरा।

मैं समझ गया था की कोई तो बात थी की जिसकी वजह से वो मुझसे फोन पर बातें नही करना चाहती थी लेकिन मैं उस से पूछ भी तो नहीं सकता था।

मैंने तभी सोचा की अब थोड़ी रोमांटिक बातों पर चलना चाहिए।

रोहन शर्माः नेहा एक बात पूछू तुमसे।

नेहा पटेलः हाँ पूछो।

रोहन शर्माः सच सच बताना।

नेहा पटेलः हाँ–हाँ सच सच ही बताऊँगी।

रोहन शर्माः अब मैं तुम्हें एक छोटा सा जादू दिखाने वाला हूँ।

‘कैसा जादू?, बाय।

उस जादू की सहायता से मैं तुम्हें तुम्हारे मन की बात साफ साफ बता दूँगा की तुम्हारे मन के अंदर चल क्या रहा है।

नेहा पटेलः अच्छा जी चलो बताओ तो।

रोहन शर्माः कुछ दिन से तुम्हें किसी लड़के की याद आती रहती है।?

नेहा पटेलः हाँ लेकिन तुम्हें कैसे पता चला।

उसने ये मैसेज बहुत जल्दी ही सेंड किया था।

रोहन शर्माः ये जादू का कमाल है।

नेहा पटेलः हाँ, और बताओ।

रोहन शर्माः और उस लड़के की याद तुम्हें रात को सोते वक्त ज्यादा आती है।

नेहा पटेलः हाँ और बताओ।

रोहन शर्माः वो लड़का तुमसे दो ढाई इंच लम्बा है।

नेहा पटेलः हाँ सही कहा और बताओ।

रोहन शर्माः और उस के नाम में एक लैटर एच भी है।

नेहा पटेलः हाँ।

रोहन शर्माः और वो तुम्हारे बहुत क़रीब रहता है।

नेहा पटेलः हाँ और।

रोहन शर्मा: बस इतना ही बता सकता हूँ इस से ज्यादा नहीं।

नेहा पटेल: अब ये तो बता दो की तुम्हें मेरे मन की बात कैसे पता चल गई।

रोहन शर्मा: जादू की वजह से।

नेहा पटेल: अरे यार सच सच बता दो ना।

ये कोई जादू नहीं था मैंने तो ये सब सिर्फ अपना डाउट क्लियर करने के लिए उसे सिर्फ वही सब बताया था जो खूबी मुझमें थी।

लेकिन मेरी कही हुई सारी बातें सच निकली, अब इससे मेरा ये डाउट क्लियर हो चुका था की वो मुझसे ही प्यार करती थी, फिर मैंने सोचा की आज इससे वो तीन शब्द कह ही डालता हूँ लेकिन फिर भी मुझे डर था की मेरा अनुमान गलत ना निकल जाये इसलिए मैंने उससे वो तीन शब्द नहीं कहे।

रोहन शर्मा: अभी नहीं किसी और दिन बता दूँगा।

नेहा पटेल: तुमने वो वाली बात तो अभी तक बताई ही नहीं।

रोहन शर्मा: कौन सी वाली।

नेहा पटेल: वहीं तुम्हारे सच्चे प्यार वाली।

रोहन शर्मा: पक्का वादा करता हूँ किसी दिन जरूर बता दूँगा।

नेहा पटेल: मुझे तो नहीं लगता।

रोहन शर्मा: अरे सच बोल रहा हूँ पक्का बता दूँगा।

नेहा पटेल: पक्का ना?

रोहन शर्मा: हाँ पक्का।

नेहा पटेल: ओके।

नेहा पटेलः रोहन कल कॉलेज जल्दी आ जाना तुमसे कुछ बात करनी है।

रोहन शर्माः क्या बात है अभी बता दो।

नेहा पटेलः नहीं नहीं अभी नहीं बता सकती कल ही बताऊँगी।

रोहन शर्माः ठीक है जैसी तुम्हारी मर्जी।

नेहा पटेलः ध्यान है ना कल कॉलेज।

रोहन शर्माः हाँ हाँ ध्यान है।

नेहा पटेलः ओके बाय।

रोहन शर्माः ओके बाय।

उसका ये लास्ट मैसेज था इसके बाद वो ऑफलाईन हो गई।

मैं काफी देर तक करवटें लेते लेते यही सोचता रहा कि यार आखिरकार क्या बात हो सकती है जो वो मुझे कल स्पेशल मिलकर ही बताएगी, उसके बाद में लेटे हुए ही दोबारा चंद्रकांता नॉवल को पढ़ने लगा। मैं उसे पढ़ते ही जा रहा था, मुझे पता ही नहीं चला की कब मेरी आँख लग गई।

अगले दिन मैं जब कॉलेज पहुँचा।

'क्या हुआ', नेहा ने मुझसे पूछा।

उस वक्त मैं उसे ऊपर से नीचे तक हैरानी से देखे जा रहा था क्योंकि वो उस वक्त रेड कलर की कुर्ती और ब्लैक कलर की सलवार पहने हुई थी, वो आज इतना सज धज कर क्यों आई थी, उस वक्त वो इतनी खूबसूरत लग रही थी की मेरा उसको किस करने का मन कर रहा था।

'आज तुम बहुत खूबसूरत लग रही हो,' मैंने कहा। 'क्या कोई खास दिन है आज तुम्हारे लिए।'

'हाँ है, बहुत खास दिन है आज मेरे लिए', उसने मुस्कुराते हुए कहा।

'क्या खास है आज तुम्हारे लिए।'

'पहले तुम मेरे साथ चलो तब बताऊँगी', उसने मेरा हाथ पकड़कर मुझे बाईक की तरफ ले जाते हुए कहा।

'लेकिन हम जा कहाँ रहे हैं ये तो बताओ।'

'बाईक स्टार्ट करो और किसी अच्छे से रेस्टोरेंट पर चलो', उसने बाईक के पास पहुँचकर कहा।

'आखिर बात क्या है साफ साफ कहो ना।' मैंने कहा। 'मुझे कुछ समझ नहीं आ रहा है।'

'सब समझ में आ जाएगा, पहले चलो तो सही, उसने कहा।

ओके।'

हम दोनों बाईक लेकर वहाँ से चल दिए, मैं हैरान था की आज इसे हो क्या गया है ये ऐसा अजीब अजीब सा बर्ताव क्यों कर रही है।

'अब तो ये बता दो की हम रेस्टोरेंट क्यों जा रहे हैं', मैंने कहा।

'अभी नहीं, वहीं पर बताऊँगी।'

मैंने सोचा की अब इससे और ज्यादा पूछने से तो फायदा है ही नहीं अब तो रेस्टोरेंट पहुँच कर ही पता चलेगा की आखिर बात क्या है।

हम कुछ ही देर मैं इलाहाबाद रेस्टोरेंट में पहुँच गए।

'तुम चलो मैं अभी आई', उसने कहा।

मैं अंदर जाकर दो कुर्सी वाली टेबल पर बैठ गया।

तभी कोई एक मिनट के बाद नेहा आकर मेरी सामने वाली कुर्सी पर बैठ गई, वहाँ पर काफी सारे कपल्स बैठे हुए थे। उनमें से कुछ ज्यादा उम्र के थे तो कुछ कम उम्र के।

'अब तो बता दो', मैंने कहा।

'सिर्फ कुछ सैकेण्ड और', उसने कहा।

मैं चुप रहा और इंतजार करता रहा, तभी कुछ ही देर बाद वेटर हमारी टेबल पर एक चॉकलेट केक रख कर चला गया।

मैंने केक को गौर से देखा, उस पर आई लव यू लिखा हुआ था, मैंने दोबारा से हैरानी भरी निगाहों से देखा, लेकिन मैं सही था।

उस पर आई लव यू रोहन लिखा हुआ था।

'ये क्या है नेहा', मैंने हैरानी से तुरंत कहा।

वो चुप रही उस ने कोई जवाब नहीं दिया, वो सिर्फ मेरी आँखों में आँखें डालकर मुझे गौर से देखे जा रही थी।

'हैलो', मैंने उसकी आँखों के आगे अपना हाथ हिलाते हुए कहा।

'आई लव यू रोहन', उसने धीरे से कहा। मैं हैरान रह गया, मुझे विश्वास नहीं हो रहा था की ये सब सच था।

हम दोनों एक दूसरे को थमी हुई निगाहों से देखने लगे।

उसने केक का एक बाईट मुझे खिलाया और मैंने भी वहीं बाईट उसे भी खिला दिया, जब मैं उसे वो बाईट खिला रहा था तब मैं गौर से उसके होंठों की तरफ देख रहा था उस वक्त मैंने उन और कपल्स की वजह से अपने आप पर कण्ट्रोल कर रखा था, वर्ना मेरा उसको किस करने का मन कर रहा था।

'रोहन रियली मैं तुमसे बहुत प्यार करती हूँ', उसने मेरे हाथ पर अपना हाथ रखते हुए कहा।

मुझे यकीन नहीं हो रहा था की वो सब एक सपना था या फिर सच।

'नेहा कहीं मैं सपना तो नहीं देख रहा हूँ', मैंने अपना हाथ उसके हाथ से हटाते हुए कहा।

'मतलब?' मैं कुछ समझी नहीं।

'मतलब की ये सब कुछ जो हो रहा है ये सब सच है या फिर मेरा सपना', मैंने कहा।

'अरे बुद्धू ये सच ही हैं', उसने हल्की सी स्माईल देते हुए कहा।

'नेहा आज तक मुझे इतनी खुशी कभी नहीं हुई जितनी आज हो रही है।'

'अच्छा एक बात पूँछू तुमसे', उसने कहा।

'हाँ पूछो।'

'अगर मैं तुमसे कभी आई लव यू नहीं कहती तो तुम कभी भी मुझसे आई लव यू नहीं कहते ना?'

'नहीं कभी नहीं', मैंने मुस्कुराते हुए कहा।

'मुझे पता था इसलिए ही तो मैंने कहा है', उसने कहा। 'वैसे क्यों नहीं कहते तुम मुझसे?'

'यार मुझे डर था की कही मैं तुमसे आई लव यू कहूँ और तुम मुझे भी उन दो लड़कों की तरह छोड़ दो।'

'तुम्हें मैं कभी नहीं छोड़ सकती', उसने कहा। और जमी हुई नजरों से मुझे देखने लगी।

मैं भी उसकी आँखों में आँखें डालकर देखने लगा।

'हाँ एक सवाल और है मेरा', उसने कहा।

'तो वो भी पूछ लो।'

'तुम किसी लड़की के बारे में बता रहे थे की किसी लड़की से तुम सच्चा प्यार करते हो', उसने कहा। 'वो मैं ही हूँ ना?'

'हाँ वो तुम ही हो और तुम ही रहोगी', मैंने धीमी आवाज में प्यार से कहा।

'और कल रात तुमने मेरे मन में चल रही बातों को बताया था', उसने कहा। 'वो कैसे किया था तुमने?'

'वो कोई जादू नहीं था। मैं तो सिर्फ ये जानने की कोशिश कर रहा था की तुम जिस लड़के के ख्यालों में खोई रहती हो, वो मैं ही हूँ या फिर कोई और।'

'अच्छा तो इसलिए तुमने बताया था की वो मुझसे इतना लम्बा है, और उसके नाम में ये वर्ड आता है ये सब खूबी तो तुम में ही है, हाँ?' उसने मुस्कुराते हुए कहा।

मैं धीमी आवाज में हँसने लगा।

'तुम तो बहुत तेज निकले, बिना पूछे हुए ही तुमने मुझसे यह कहलवा डाला की मैं तुमसे प्यार करती हूँ।' उसने मुस्कुराते हुए कहा।

'अब मेरा भी एक डॉऊट है पूछूँ।'

'जब मैं पूछ सकती हूँ तो तुम भी पूछ लो', उसने एक छोटी सी स्माईल देते हुए कहा।

तुम अब कुछ दिनों से मुझसे फोन पर बात करने से मना क्यों कर देती थी।

उसने एक छोटी सी स्माईल दी और कहा। 'वो तो वैसे ही, मैंने सोचा की तुम्हें कुछ दिन बाद सीधा बड़ा सरप्राइज ही दूँगी, और दे भी दिया है।

'मैं ये सोचता रहता था की शायद मुझसे कोई गलती हो गई होगी जिसकी वजह से तुम मुझसे बातें करने के लिए मना कर देती होगी।'

'नहीं नहीं ऐसा कुछ भी नहीं है सिर्फ यहीं बात थी', उसने कहा।

'नेहा सच में यार मुझे यकीन नहीं हो रहा है की तुम मुझसे प्यार करती हो।'

'रोहन मुझे दिनभर तुम्हारी बहुत याद आती है।'

'मुझे भी', मैंने उसके होंठों की तरफ देखते हुए कहा।

'क्या हुआ', उसने एकदम से कहा। 'क्या देखे जा रहे हो।'

'कुछ नहीं बस वैसे ही', मैंने हल्का सा मुस्कुराते हुए कहा।

'चलो ना ये बताओं तुम्हें मेरी याद आती भी है या नहीं', उसने कहा।

'आती है बहुत ज्यादा आती है, मैंने कहा। पूरे चौबीस घंटे में से सिर्फ मेरे सोने के वक्त को हटाकर जितना भी वक्त मैं जागता हूँ सिर्फ तुम्हें ही याद करता रहता हूँ।'

वो चुप रही और सिर्फ मेरी तरफ देखती रही।

'आज पक्का आ रही है तुम्हारी फैमिली?' मैंने कहा।

'हाँ', उसने कहा।

'वाकई तुम्हारी फैमिली हमेशा हमेशा के लिए आ रही है?'

'हाँ हमेशा के लिए', उसने कहा। 'और हाँ तुम मेरी उस वाली बात को सच तो नहीं मान बैठे।'

'कौन सी वाली', मैंने उसकी बात को बीच मे ही काटते हुए कहा।

वहीं जब मैंने तुमसे कहा था की जब मेरी फैमिली आ जाएगी तब मैं तुमसे फोन पर बातें नहीं कर पाऊँगी सिर्फ चैट ही किया करूँगी।

‘हाँ क्यों झूठ थी वो बात?’ मैंने कहा।

‘नहीं वो तो मैंने सिर्फ वैसे ही कह दिया था’, उसने कहा। ‘मैं तुम्हें उस वक्त अपने लिए इंतजार कराना चाहती थी।’

‘एक बात बताओ मुझे, तुम हर बात सिर्फ वैसे ही कह देती हो।’

वो धीमी आवाज में हँसने लगी।

‘मैं अभी कुछ देर में आता हूँ’, मैंने कुर्सी से खड़े होते हुए कहा।

‘कहाँ जा रहे हो’, उसने जल्दी से कहा।

‘कुछ नहीं बस बिल पे करने जा रहा हूँ।’

‘अरे रहने दो वो तो मैने पहले ही कर दिया था’, उसने कहा।

‘कब?’ मैने हैरानी से कहा।

‘तब जब मैं ये केक ऑर्डर करने गई थी।’

‘तो अब क्या लोगी तुम, बताओ।’

‘नहीं कुछ भी नहीं’, उसने कहा।

‘तो चले?’ मैने कहा।

‘चलो’, उसने कुर्सी से खड़े होकर मेरा हाथ थामते हुए कहा।

उसी दिन की रात को करीब नौ बजे मैं अपने मोबाईल में यूटयूब पर नेवर गिव कुवाईट की विडियो देख रहा था तभी मैंने सिलवेस्टर स्टैलोन जो की एक हॉलीवुड एक्टर है उनकी बायोग्राफी विडियो देखी। वो विडियो मुझे बहुत अच्छी लगी। उस विडियो में ये दिखाया गया था की उनके एक्टर बनने तक क़े सफर में उनके सामने क्या क्या रूकावटें आई थी। उस विडियो को देखते ही मुझमे कुछ कर दिखाने की हिम्मत जाग उठी, उस विडियो को देखकर मैं समझ गया था की कोशिश करने वालो की कभी हार नही होती।

तभी कुछ ही देर बाद मेरे फोन की स्क्रीन पर एक फैसबुक मैसिज फलेश हुआ, वो नेहा का मैसिज था।

नेहा पटेलः हाय रोहन।

मुझे उस विडियों को देखने के बाद नेहा से बाते करने का बिल्कुल भी मन नहीं कर रहा था इसलिए मैंने अपना फोन स्विच ऑफ कर दिया।

मैं मन ही मन सोचते हुए अपने आप से कहा। कि अब मैं कभी भी हार नहीं मानूँगा और चाहे मैं कितनी भी बार असफल हो जाऊँ लेकिन अब मैं एक अच्छा राईटर बनकर ही दम लूँगा।

'मैंने जल्दी से अपनी नॉवल नोटबुक और पैन उठाया और कुछ देर सोचने के बाद मैने नॉवल लिखना स्टार्ट कर दिया।

मैं नॉवल लिखता गया काफी देर नॉवल लिखने के बाद मैंने घड़ी में टाईम देखा। बारह बज चुके थे लेकिन मुझे उस वक्त टाईम से कोई लेना देना नहीं था मुझे तो सिर्फ अपना नॉवल लिखने से मतलब था। टाईम देखने के बावजूद भी मैं रूका नहीं मैं तब भी अपना पूरा-पूरा ध्यान नॉवल लिखने पर लगा रहा था उस वक्त मुझ पर सिर्फ एक अच्छा राईटर बनने का जुनून सवार था। मैं और ज्यादा ध्यान लगाकर नॉवल लिखने लगा, मैने कुछ देर बाद दोबारा घड़ी में टाईम देखा उस वक्त दो बज चुके थे लेकिन मैं तब भी लिखता ही रहा। मुझे विश्वास था कि एक दिन मैं एक अच्छा राईटर बन जाऊँगा लिखते-लिखते ना जाने कब सुबह हो गई मुझे पता ही नहीं चला सुबह तक मैं साठ पेज लिख चुका था जब मैने वो पेज गिने तो मुझे बहुत खुशी हुई, मैंने वो नोटबुक बन्द करके टेबल पर रख दी और घर से बाहर टहलने के लिए निकल गया।

मैं पार्क मैं इधर–उधर घूमते हुए भी नॉवल के बारे में ही सोच रहा था। मैं कुछ कदम चलकर पार्क में लगी हुई बैन्च पर जाकर बैठ गया। मुझे उस वक्त सुबह की उस सुनहरी धूप का आनन्द लेने में मजा आ रहा था।

मुझे उस वक्त बहुत अच्छा महसूस हो रहा था और साथ ही साथ रात को ना सोने की वजह से मुझे अपनी आँखों मे सूजन महसूस हो रही थी।

मैं कुछ देर धूप का आनंद लेने के बाद वापस घर की तरफ चल दिया।

घर में पहुँचकर जैसे ही मैं हॉल से होकर टॉयलेट की तरफ जा रहा था तभी।

'रोहन इधर आना', मम्मी ने मुझसे दस बारह कदम की दूरी से कहा।

'हाँ मम्मी', मैंने कहा। और उनके पास चला गया।

'तुम्हारी आँखों को क्या हो गया है', उन्होंने कहा।

'कुछ भी तो नहीं', मैनें अपनी आँखों को मलते हुए कहा।

'तुम्हारी आँखों में सूजन है?' उन्होंने कहा। 'देखने से तो ऐसा लग रहा है कि तुम रात को सोए ही नहीं हो।'

'हाँ मैं रात को सोया नहीं था।'

'क्यूँ?' उन्होंने हैरानी से कहा।

'रात भर मैंने नॉवल लिखा था इसलिए।'

'रात भर?' उन्होंने फिर से हैरानी से कहा।

'हाँ।'

'अरे तो दिन में भी तो लिख सकते थे', उन्होंने कहा। आज कॉलेज की छुट्टी करके लिख लेते।

मैंने सोचा की अगर मैं कॉलेज की छुट्टी कर लेता तो नेहा से नहीं मिल पाता। और अगर नेहा से रात को फोन पर बातें कर लेता तो नॉवल नहीं लिख पाता मैं इन दोनों को ही नहीं छोड़ना चाहता था।

'तो फिर क्या हुआ।' मैंने कहा। 'अब नॉवल भी लिख लिया है और कॉलेज भी चला जाऊँगा।'

'और सोएगा कब?' उन्होंने कहा।

'मम्मी आप इतनी फिर्क क्यों कर रही हो', मैने उनके कँधों पर हाथ रखते हुए कहा। 'मैं कॉलेज से आकर सो लूँगा।'

'ठीक है', उन्होंने कहा।

'अरे भई सुबह-सुबह माँ-बेटे के बीच में क्या हो रहा है।' पापा ने हमारी तरफ आते हुए कहा।

'कुछ नहीं', मैंने मुस्कुराते हुए कहा।

'अरे तुम्हारी आँखों को क्या हुआ', पापा ने मेरे पास आकर कहा। 'क्या रात को तुम सोए नहीं हो?'

'इसी के लिए तो कह रही थी मैं इससे', मम्मी ने कहा।

'क्या हुआ इसकी आँखों को?' पापा ने कहा। 'इतना सूज क्यों रही है।'

'ये रात भर सोया नहीं है इसलिए', मम्मी ने कहा।

'क्यों?' पापा ने एकदम से कहा।

'रात भर नॉवल लिखा था इसने', मम्मी ने कहा।

'बेटा तुम नॉवल तो दिन मे भी तो लिख सकते थे', पापा ने कहा।

'नहीं पापा रात को ज्यादा शांति होती है और दिन में शोर शराबा। इसलिए मैंने रात को लिखा था।'

'हाँ वैसे ये तो सही कहा तुमने', पापा ने कहा। 'अगर तुम्हे नींद आ रही है तो तुम आज कॉलेज की छुट्टी करके नींद पूरी कर लो।'

'नहीं पापा नींद नहीं आ रही है मुझे। मैं कॉलेज से आकर सो लूँगा।'

'ओके। जैसी तुम्हारी मर्जी', पापा ने कहा।

मैं जल्दी से तैयार होकर कॉलेज पहुँच गया। नहाने की वजह से मेरी आँखों की सूजन जा चुकी थी।

'रोहन', वो सूरज की आवाज थी।

मैं पीछे की तरफ मुड़ा।

'कल तू और नेहा कहाँ गए थे', उसने मेरे पास आकर कहा।

'अरे हाँ मैं तो तुझे कल फोन करके बताना ही भूल गया', मैंने कहा।

'क्या?' उसने तुरन्त मेरी बात बीच में ही काटते हुए कहा।

'नेहा मुझसे ही प्यार करती है', मैंने कहा। 'उसने कल मुझसे इलाहाबाद रेस्टोरेन्ट पर आई लव यू कहा था।'

'सच?' उसने तेज आवाज में एक छोटी सी स्माईल देते हुए कहा।

'हाँ यार सच बोल रहा हूँ', मैंने मुस्कुराते हुए कहा।

'कल तू और नेहा कॉलेज किस वक्त आ गए थे', उसने कहा।

'सुबह-सुबह ही आ गए थे', मैंने कहा। 'उसने ही परसो रात को फोन पर मुझसे कहा था की मैं कल कॉलेज जल्दी आ जाऊँ। जब मैंने उससे पूछा क्यों तो उसने कहा की उसे मुझसे कुछ जरूरी बात

करनी है। इसलिए मैं कल जल्दी कॉलेज आ गया और वो भी जल्दी ही आ गई थी। मैंने उससे तुरन्त पूछा की हाँ अब बताओं क्या बात है उसने मेरी बात का सही जवाब नहीं दिया और सिर्फ ये कहा की किसी अच्छे से रेस्टोरेन्ट पर चलो वहाँ बताऊँगी। मैं उसे अपनी बाईक से इलाहाबाद रेस्टोरेन्ट ले गया। वहाँ सबसे पहले उसने एक चोकलेट केक ऑर्डर कर दिया। और जैसे ही वेटर केक को टेबल पर रखकर गया तभी मैंने गौर से देखा की केक पर आई लव यू रोहन लिखा हुआ था, मुझे पहले तो यकीन नहीं हुआ इसलिए मैने वो दोबारा से पढ़ा लेकिन वो आई लव यू रोहन ही था। मैंने तभी नेहा से कहा, नेहा ये क्या है लेकिन वो मेरी बात पर गौर नहीं दे रही थी सिर्फ मुझे गौर से देखे जा रही थी। मैंने उसकी आँखों के सामने अपना हाथ हिलाकर कहा की नेहा ये क्या है। फिर उसने बड़े ही प्यार से कहा आई लव यू रोहन।'

'सच में उसने ऐसा कहा, उसने जल्दी से एक बड़ी सी स्माईल के साथ कहा।

'भाई आखिरकार बाजी मार ही ली तूने', उसने मुस्कुराते हुए कहा।

मैं हँसने लगा।

'मैंने ही क्या बल्कि तूने भी तो मार ली बाजी', मैंने मुस्कुराते हुए कहा।

'हाँ ये तो सही कहा तूने', उसने मुस्कुराते हुए कहा।

'तभी मुझे पूजा हमारी तरफ आती हुई दिखाई दी। मैंने गौर से देखा कि नेहा उसके साथ नहीं थी।

'जब पूजा हमारे पास आ गई मैंने पूछा, 'पूजा आज नेहा क्यों नहीं आई',

'कल उसकी फैमली जो आ गई है इसलिए', नेहा ने कहा।

'अरे हाँ मैं तो भूल ही गया था', मैंने एकदम से कहा।

'पूजा और सूरज एक दूसरे से बातें करने लगे।

उस वक्त मेरा मन घर जाने को कहने लगा क्योंकि तब मेरा कॉलेज में मन नहीं लग रहा था, इसलिए तुरन्त मैं अपनी बाईक की तरफ गया और बाईक स्टार्ट करके मैं चलने ही वाला था तभी सूरज दौड़कर मेरे पास आ गया।

'रोहन कहाँ जा रहा है तू', सूरज ने कहा।

'घर जा रहा हूँ, मैंने कहा।

'क्यूँ', उसने कहा।

'यार नेहा के बिना मेरा मन नहीं लग रहा है इसलिए।'

'ओके।' उसने कहा।

मैं बाईक लेकर सीधा अपने घर आ गया।

'अरे रोहन इतनी जल्दी कैसे आ गए तुम', मम्मी ने मुझसे घर के अन्दर पहुँचते ही कहा।

'कुछ नहीं मम्मी बस नींद कुछ ज्यादा ही आने लगी थी इसलिए आ गया।'

'ठीक है तो तुम अपने रूम में चले जाओ और आराम करो', उन्होंने कहा।

मैं अपने रूम में चला गया और दरवाजा लॉक करके बैड पर लेटे हुए नेहा के बारे में सोचने लगा, उस वक्त मेरा नेहा से बातें करने का मन कर रहा था इसलिए मैंने नेहा के पास कॉल कर दी, उसने मेरी कॉल कट कर दी, मैंने तुरन्त दोबारा से उसके पास कॉल कर दी लेकिन उसने फिर से मेरी कॉल कट कर दी, मैं बार-बार कॉल

करता गया लेकिन वो बार-बार मेरी कॉल कट करती गई, मैं तब भी लगातार उसके पास कॉल करता गया और आखिर में उसने अपना फोन स्विच ऑफ कर लिया।

मैंने तुरन्त सोचा की रात को मैंने अपना फोन स्विच ऑफ कर दिया था कहीं ये मुझसे उसी बात से तो गुस्सा नहीं हो गई?

कुछ ही देर में अपने-आप ही मुझे नींद आ गई।

शाम को करीब सात बजे मेरी आँखे खुली, मैं उबासी लेते हुए बैड पर बैठ गया और फिर बैड से उठकर बाहर हॉल में पहुँच गया, मैने देखा कि मम्मी और पापा टेबल पर बैठकर खाना खा रहे थे। मैं उनके पास जाकर बैठ गया।

'सो लिए', पापा ने मुझसे कहा।

'हाँ', मैंने कहा।

मैं उस वक्त भी हल्की-हल्की नींद में था।

'खाना खा लो तो', मम्मी ने मुझसे कहा।

मैंने आँखें मलते हुए गर्दन हिला दी और खाना खाने लगा।

'रोहन तुमने वो नॉवल पढ़ा था जो मैंने तुम्हे दिया था', पापा ने खाना खाते हुए मुझसे कहा।

'हाँ पढ़ा था', मैंने कहा। 'मैंने पूरा तो नहीं पढ़ा लेकिन वो बहुत अच्छा है।'

'और जो मैंने दिया था वो?' मम्मी ने कहा।

'नहीं अभी वो नहीं पढ़ा', मैंने कहा।

'मतलब की पापा का दिया हुआ गिफ्ट तो बहुत अच्छा लगा तुम्हें और मेरा बेकार', मम्मी ने स्माईल देते हुए कहा।

पापा हँसने लगे।

'नहीं मम्मी ऐसी कोई बात नहीं है', मैने मुस्कुराते हुए कहा।

'तो फिर क्या बात है', मम्मी ने एक छोटी सी स्माईल देते हुए कहा।

'बस वैसे ही पहले मन पापा वाली नॉवल को पढ़ने का किया था इसलिए', मैंने मुस्कुराते हुए कहा।

'देखा मेरा बेटा तुमसे ज्यादा मुझसे प्यार करता है', पापा ने एक बड़ी सी स्माईल के साथ मम्मी को चिढ़ाते हुए कहा।

'रोहन अभी बता दे कि तू मुझसे ज्यादा प्यार करता है मेरे से या फिर अपने पापा से?

'दोनों से', मैंने कहा।

'नहीं–नहीं सिर्फ एक का ही बता', पापा ने कहा।

'हूँ..., पापा से', मैंने कहा।

'सुन लिया', पापा ने एक बड़ी सी स्माईल के साथ मम्मी को चिढ़ाते हुए कहा।

'तू भी अपने पापा के साथ मिला हुआ है', बदमाश। मम्मी ने मुस्कुराते हुए कहा।

मैं और पापा जोर–जोर से हँसने लगे।

'इसी बात पर हाथ मिला', पापा ने मुझसे कहा।

मैंने और पापा ने हँसते हुए मम्मी को चिढ़ाने के लिए हाथ मिला लिया।

'चलो कोई नहीं इसका मतलब हम तो पराए है', मम्मी ने हम पर इमोशनल अत्याचार करते हुए कहा।

'नहीं मम्मी ऐसा मत सोचिए। पराए क्यों हों आप हमसे, हम सब एक फैमली ही तो है', मैंने उनका हाथ थामकर कहा।

'और क्या तुम भी छोटी-छोटी बातों पर ये मासूम सा चेहरा बना लेती हो', पापा ने कहा।

'मैंने ये मासूम सा चेहरा सिर्फ जानबूझकर बनाया था', मम्मी ने एक बड़ी सी स्माईल के साथ कहा। 'ताकि मैं ये देख सकूँ कि तुम दोनों, मुझसे कितना प्यार करते हो। और देख भी लिया। करते तो हो।'

'अच्छा तुम्हें पता नहीं है कि मैं तुमसे प्यार करता हूँ या नहीं?' पापा ने स्माईल देते हुए कहा। 'भूल गई वो।'

'रहने दीजिए सब याद है मुझे', मम्मी ने मुस्कुराते हुए कहा।

'ठीक है याद है तो', पापा ने मम्मी को देखकर एक छोटी सी स्माईल देते हुए कहा।

'मैं अपनी कुर्सी को हल्का सा पीछे की तरफ खिसकाकर खड़ा हो गया।

'खा लिया खाना?' पापा ने मुझसे तुरन्त कहा।

'हाँ खा लिया', इतना कहकर मैं अपने रूम में चला गया।

मैंने तय कर लिया था की अब मैं कभी भी नेहा से रात को बातें नहीं किया करूँगा। मैंने अपनी नॉवल नोटबुक उठाई और नॉवल लिखना स्टार्ट कर दिया। मैं काफी देर तक नॉवल लिखता गया तभी करीब नौ बजे मेरे फोन की रिंग बजी मैने देखा की वो नेहा की कॉल थी, मेरा एक मन कॉल रिसीव करने को कर रहा था और दूसरा नहीं। तभी मुझे मेरे रूम पर किसी के खटखटाने की आवाज आई।

'रोहन अपना दूध तो ले लो', वो मम्मी की आवाज थी।

'मैंने कॉल कट कर दी और कहा, 'मम्मी आज मेरा मन नहीं हैं।'

'ठीक है', उन्होंने कहा। और वहाँ से चली गई।

'मैंने जल्दी से नेहा के पास कॉल की उसने काफी देर तक मेरी कॉल रिसीव नहीं की और कुछ देर बाद रिसीव की।

'हैलो', मैंने कहा।

उसने कोई जवाब नहीं दिया।

'हैलो', मैंने फिर से कहा।

उसने फिर भी कोई जवाब नहीं दिया।

'अरे सॉरी यार', मैंने कहा।

'अभी तुमने मेरी कॉल कट क्यों कर दी थी', उसने कहा। 'और कल जब मैने तुम्हारे पास मैसिज किया था तो तब भी तुमने फोन स्विच ऑफ कर लिया था, क्यूँ ?'

'सॉरी यार', मैंने धीमी आवाज में कहा।

'सॉरी बाद में कहना पहले ये बताओं की तुमने मेरी कॉल कट क्यों कर दी थी', उसने थोड़ा गुस्से में कहा।

'तब मम्मी आ गई थी मेरे पास इसलिए।'

'अच्छा और कल? कल स्विच ऑफ क्यों कर दिया था फोन', उसने फिर से गुस्से में कहा।

'कल मैं नॉवल लिख रहा था इसलिए', मैंने आवाज को धीमी करते हुए कहा।

'सॉरी रोहन मैंने तुम पर कुछ ज्यादा ही गुस्सा दिखा दिया।'

मैं उसकी ये बात सुनकर हैरान रह गया की, एकदम से इसे क्या हुआ जो ये मुझसे माफी माँग रही है।

'अब तो नहीं लिख रहे तुम नॉवल?' उसने प्यार से पूछा।

'नहीं', मैंने जल्दी से कहा।

'अगर लिख रहे हो तो लिख लो', उसने कहा। 'खामाखा मेरी वजह से तुम्हारा राईटर बनने का सपना छूट जाएगा।'

'मैं चुप रहा।

'रोहन', उसने धीरे से कहा।

'हाँ बोलो।'

'मैं तुम्हारे पास रात को बारह बजे के आस पास कॉल करूँगी, उसने कहा। अभी सभी घर वाले जागे हुए है।'

'ओके।' मैंने कहा। और उसने कॉल कट कर दी।

उससे बातें करने के बाद मुझे बहुत अच्छा लग रहा था लेकिन फिर एकदम से मुझे याद आया की उससे बातें करने के चक्कर में मैंने अपना नॉवल यूँ ही छोड़ दिया था। एक तरफ मुझे उससे बातें करने के बाद अच्छा भी लग रहा था तो दूसरी तरफ अपने नॉवल को लिखते-लिखते यू एकदम छोड़ देने का गम भी हो रहा था, क्योंकि मैंने फैसला किया था की मैं अब कभी भी नेहा से रात को फोन पर बातें नहीं किया करूँगा। लेकिन मैं अपने आप को उससें बातें करने से रोक नहीं पाया था।

मैंने जल्दी से अपने फोन में टाईम देखा। उसमें नौ बजकर सोलह मिनट हो रहे थें, मैंने सोचा की अभी तो काफी टाईम है उसकी कॉल आने में, उससे पहले मैं अपना नॉवल ही लिख लेता हूँ।

मैंने नॉवल लिखना स्टार्ट कर दिया, मुझे काफी टाईम बीत चुका था नॉवल लिखते-लिखते तभी करीब बारह बजे मेरे फोन की रिंग बजी, मैंने देखा की वो नेहा की कॉल थी, मैंने जल्दी से नोटबुक बन्द कर दी और फोन रिसीव कर लिया।

'हैलो', मैंने कहा।

'हूँ... हैलो', उसने बहुत ही धीमी आवाज में कहा।

'तुम इतना धीरे से क्यों बोल रही हो।'

'अरे यहीं मेरे पास ही मेरी बहन लेटी हुई है', उसने बहुत ही धीमी आवाज मे कहा।

'कल कितने बजे' आ गई थी तुम्हारी फैमली?'

'शाम को छः बजे', उसने धीमी आवाज में कहा।

'आज कैसा लग रहा है तुम्हें तुम्हारी फैमली के साथ?'

'बहुत अच्छा', उसने धीरे से कहा।

'मैं आज तुम्हे कॉलेज में बहुत ही मिस कर रहा था।'

'तुम गए थे आज कॉलेज?' उसने धीमी आवाज में कहा।

'हाँ मैं गया तो था, लेकिन मुझे जब पता चला कि तुम कॉलेज नहीं आई हो तो मैं वापस घर लौट आया।

'क्यूं?' उसने जल्दी से धीमी आवाज में कहा।

'मेरा वहाँ पर तुम्हारे बिना मन नहीं लग रहा था इसलिए।

वो बहुत ही धीमी आवाज में हँसने लगी।

'नेहा मुझे तुम्हारी बहुत याद आ रही है', मैंने प्यार भरी धीमी आवाज में कहा।

'मुझे भी', उसने धीमी आवाज में बिल्कुल धीरे-धीरे कहा।

उसकी ये बात सुनकर मेरे शरीर में एक करन्ट सा दौड़ गया।

'नेहा मुझे तुम्हारे होठों को चूमने का मन कर रहा है', मैंने आवाज को रोमेन्टिक बनाते हुए कहा।

'तो चूम लो', उसने धीमी आवाज मे आहिस्ते आहिस्ते कहा।

उस वक्त मुझे उससे बात करने में बहुत मजा आने लगा था और शायद उसे भी आ रहा होगा क्योंकि उसके बात करने के अन्दाज से तो ऐसा ही लग रहा था।

'अभी', मैंने बहुत ही धीरे-धीरे कहा।

'हूँ... अभी', उसने बहुत ही धीमी और प्यारी आवाज में धीरे से कहा।

उसकी इन बातों को सुनकर मेरा बहुत जोरो से उससे मिलने का मन कर रहा था। वो इतनी रोमेन्टिक आवाज में बातें कर रही थी कि मेरा उसको किस करने का मन कर रहा था, लेकिन उस वक्त मैं उसके पास भी तो नहीं था।

'नेहा।

'हूँ... उसने कहा।

'अब मैं यहीं पर बैठे-बैठे ही अपनी और तुम्हारी किस को तुम्हे फील करा दूँगा।'

'वो कैसे', उसने जल्दी से धीमी आवाज में कहा।

'वो ऐसे की तुम अभी अपने फोन के माईक पर अपने होठ टच करना और मैं अपने मोबाईल के माईक पर अपने होठ टच करूँगा और फिर हम दोनों एक साथ अपने-अपने मन में आँखें बन्द करके एक दूसरे की इमेज बनाएँगें और तुम अपने फोन के माईक को मेरे होठ समझना और मैं अपने फोन के माईक को तुम्हारे। और हम दोनों एक दूसरे को गहराई से फील करते हुए फोन के माईक को एक दूसरे के होठ समझकर चूमने लगेंगे। ओके?'

'ओके', उसने बहुत ही धीमी आवाज में हँसते हुए कहा।

'होट टच कर लिए तुमने?' मैंने कहा।

'हाँ', उसने कहा।

'फिर मैंने भी अपने होठ माईक से टच कर लिए।

'आँखे बन्द कर ली तुमने?' मैंने कहा।

'हूँ...', उसने धीरे से जवाब दिया।

'मैंने तुरन्त अपनी आँखें बन्द कर ली।

'स्टार्ट', मैंने जल्दी से कहा।

और फिर मैं उसको फील करके फोन के माईक को उसके होठ समझकर चूमने लगा। उस वक्त मुझे ऐसा करने में बहुत मजा आ रहा था मेरे सारे शरीर मे करंट की लहर सी दौड़ रही थी और शायद उसे भी ऐसा ही महसूस हो रहा होगा।

'करीब बीस सैकेण्ड तक हम दोनों ऐसे ही करते रहे।

'नेहा कैसा लगा?' मैंने धीरे से कहा।

'बहुत अच्छा', उसने भी धीरे से धीमी आवाज से कहा।

'अब ये बताओं असली वाली किस, किस दिन दे रही हो?'

'जिस दिन तुम्हारी इच्छा हो', उसने प्यार भरी धीमी आवाज में कहा।

'करीब-करीब दो तीन घण्टे के लिए', चाहिए मुझे किस मैंने धीरे से कहा।

'अच्छा जी', उसने जल्दी से कहा और धीमी आवाज में हँसने लगी।

मैं भी धीरे से हँसने लगा।

'दो तीन घण्टे के लिए?' उसने हैरानी से आवाज को तेज धीमी करते हुए कहा।

'तो उसमें क्या हुआ', मैंने धीरे से हँसते हुए कहा।

'नहीं हुआ तो कुछ भी नहीं हैं', उसने धीमी आवाज में कहा लेकिन दो तीन घण्टें में तुम सिर्फ किस ही थोड़ी ना करोगें।'

'और फिर क्या करूँगा?' मैंने धीमी आवाज में हँसते हुए कहा।

'कुछ भी नहीं', उसने धीरे से हँसते हुए कहा।

'अरे बता तो दो', मैंने जल्दी से हँसते हुए कहा।

'नहीं मुझे नहीं पता', उसने फिर से धीरे से हँसते हुए कहा।

'अरे एक बार बता तो दो', मैंने हँसते हुए कहा।

'रोहन टोपिक चैन्ज', उसने आवाज को तेज धीमी करते हुए कहा।

'सिर्फ एक बार बता दो', मैंने फिर से हँसते हुए कहा।

'रोहन टोपिक चैन्ज', उसने फिर आवाज को तेज धीमी करते हुए कहा।

'ओके-ओके, मैंने हँसी थामते हुए कहा।

'अरे हाँ मैं एक बात तो तुम्हे बताना ही भूल गई।'

'क्या', मैंने जल्दी से कहा।

'मैंने तुम्हे बताया था ना कि मेरी एक छोटी बहन है जिसने अबकी बार ही टवैल्थ पास की है', उसने कहा।

'हाँ-हाँ', मैंने उसकी बात बीच में ही काटते हुए कहा।

'वो तो सही रहा की मेरी फैमली अब आई है जब हमारे कॉलेज के एडमीशन क्लोज हो गए है', उसने कहा।

'क्यूँ क्या हुआ?' मैंने उसकी बात बीच में ही काटते हुए कहा। जो मेरी छोटी बहन है ना, उसने धीमी आवाज में कहा। पापा उसका

एडमीशन हमारे कॉलेज में कराने के लिए कह रहे थे और वो भी बी.एससी में हमारे ही साथ।'

'तो फिर तुमने क्या कहा?' मैंने कहा।

'मैंने कह दिया की पापा फिलहाल तो एडमीशन क्लोज हो चुके है अब तो इसका एडमीशन अगले साल ही होगा', उसने कहा।

'चलो ये तो सही रहा की तुम्हारी फैमली अब आई है।'

'और हाँ एक और बात', उसने धीमी आवाज में कहा, 'कल से मैं कॉलेज स्कूटी पर आऊँगी।'

'स्कूटी पर?' मैंने हैरानी से कहा।

'हाँ स्कूटी पर', उसने कहा। भैया स्पेशल मेरे लिए कॉलेज आने जाने के लिए लेकर आए है।'

'फिर तो एक पार्टी बनती है', मैंने मुस्कुराते हुए कहा।

'हाँ-हाँ दे दूँगी। मना थोड़ी ना कर रही हूँ।'

'लेकिन अभी तक तुमने अपनी पार्टी नहीं दी, अब तो तुम्हारी गर्लफ्रेंड भी बन चुकी है।'

'ओके तो मैं भी तुम्हें कल ही पार्टी दे दूँगा।'

'ओके', मैंने कहा। और हाँ एक बात और है नेहा।'

'क्या? बताओ', उसने धीमी आवाज में कहा।

'नेहा आज के बाद तुम मुझे रात को कभी भी कॉल या मैसिज मत करना।'

'क्यों', उसने जल्दी से हैरानी भरी धीमी आवाज में कहा।

'यार अब मैं रात को नॉवल लिखता हूँ इसलिए।

'अच्छा इसलिए', उसने धीमी आवाज में कहा। पक्का कभी भी तुम्हें रात को डिस्टर्ब नहीं करूँगी।'

मैंने उससे ये सब कह तो दिया था लेकिन मुझे बहुत बुरा लग रहा था क्योंकि इस दिन के बाद अब मैं कभी भी उससे रात को फोन पर बातें नहीं कर पाऊँगा, लेकिन मुझे नॉवल भी जरूर लिखना था, इसलिए मैंने ये फैसला लिया था।

मैं चुप रहा।

'मैं ये कभी भी नहीं चाहती की तुम मेरी वजह से अपने सपनों को छोड़ दो।'

मुझे उसकी ये बात सुनकर बहुत अच्छा लगा लेकिन मैं तब भी चुप रहा।

'ओके बाए, आई लव यू रोहन', उसने आवाज को धीमी करते हुए बड़े ही प्यार से कहा।

'आई लव यू टू नेहा बाए।' और इतना कहकर मैने कॉल कट कर दी।

अगले दिन मैं अपनी बाईक लेकर कॉलेज पहुँच गया, मैंने देखा की नेहा और पूजा मुझसे पहले कॉलेज आ गई थी, मैं बाईक खड़ी करके उनके पास गया।

'अरे रोहन तुम दोनों तो बहुत ही तेज निकले', पूजा ने नेहा और मेरी तरफ इशारा करते हुए कहा।

'कैसे?' मैंने मुस्कुराते हुए कहा।

'मुझे तो पता ही नहीं चलने दिया की तुम दोनों की फ्रेंडशिप इश्क तक पहुँच गई है', पूजा ने मुस्कुराते हुए कहा।

'तुम्हे सूरज ने नहीं बताया?' मैंने कहा।

'उसने ही तो बताया है, वरना जिसके साथ मैं पूरा दिन रहती हूँ उसने तो बिल्कुल शक भी नहीं होने दिया', उसने नेहा की तरफ इशारा करके मुस्कुराते हुए कहा।

नेहा और मैं एक दूसरे की तरफ देखकर हँसने लगे।

'सॉरी यार', नेहा ने एक छोटी सी स्माईल के साथ पूजा से कहा।

'इटस ओके', पूजा ने कहा।

'कहाँ पर है तुम्हारी नई स्कूटी', मैंने नेहा से पूछा।

'वो रही', नेहा ने हाथ से इशारा करते हुए कहा।

मैंने पीछे मुड़कर उसकी स्कूटी की तरफ देखा वो पिंक कलर में काफी अच्छी लग रही थी।

'बहुत अच्छी है', मैंने कहा।

'थैंक्स', नेहा ने कहा।

'सूरज नहीं आया अभी तक', मैंने पूजा से पूछा।

'नहीं अभी तक तो नहीं आया', पूजा ने कहा।

'मैंने तुरन्त सूरज के पास कॉल कर दी।

'हैलो', उसने कहा।

'कहाँ पर है तू।'

'कॉलेज जा रहा हूँ', उसने कहा।

'मैं कॉलेज में ही हूँ जल्दी आ जा।'

'कुछ हो गया है क्या', उसने कहा।

'अरे कुछ भी, नहीं हुआ है। तू कॉलेज आ जा तब बताऊँगा।'

'ओके', उसने कहा और कॉल काट दी।

तभी कुछ ही देर मे सूरज बाईक लेकर आ गया।

'हाँ बता किस बारे में कह रहा था तू', सूरज ने मेरे पास आकर कहा।

मैंने नेहा का हाथ पकड़कर उसे अपनी तरफ खींच लिया और कहा। जैसे की नेहा ने कहा था की अपने जन्मदिन की पार्टी अपनी गर्लफ्रेन्ड के साथ ही देना। तो वही पार्टी मैं अब देना चाहता हूँ।

'तो बता कहा चले', सूरज ने कहा।

'सबसे पहले मूवी देखने', मैंने कहा।

'और मेरी स्कूटी की पार्टी?' नेहा ने जल्दी से कहा।

'वो तुम सिर्फ मुझे देना', मैंने उसकी आँखों में आँखें डालकर कहा।

'सूरज और पूजा मेरी इस बात को सुनकर हँसने लगे।

'हाँ ये सही कह रहा है वो पार्टी तुम सिर्फ इसे ही देना', सूरज ने नेहा से मुस्कुराते हुए कहा।

'हाँ सही कह रहे हो सूरज तुम', पूजा ने स्माईल करते हुए कहा।

'तो चले?' सूरज ने कहा।

'कौन सी मूवी देखेंगे', सूरज ने कहा।

'वो तो वहीं पर पहुँचकर डिसाईड होगा, चलो तो सूरज', नेहा ने कहा।

सूरज अपनी बाईक पर था मैं अपनी बाईक पर और नेहा और पूजा नेहा की स्कूटी पर थी, हम कुछ ही देर में सिनेमा हॉल में पहुँच गये।

सूरज और पूजा सबसे लास्ट वाली सीट पर बैठे थे। मैं और नेहा कार्नर में बैठे थे।

कुछ ही देर में फिल्म स्टार्ट हो गई, सभी का ध्यान फिल्म की तरफ खिंच गया। लेकिन मैं मौके की तलाश में था कुछ देर मैं भी फिल्म देखता रहा और उसके बाद मैंने अपना हाथ धीरे से नेहा के

हाथ पर रख दिया। वो मेरी तरफ देखने लगी, मैंने उसका हाथ और कसकर पकड़ लिया, वो भी धीरे-धीरे अपने हाथ से मेरे हाथ को कसकर पकड़ने लगी। वो गौर से मेरी तरफ देखने लगी, मैं भी गौर से उसकी आँखों मे आँखें डालकर देखने लगा।

हम कुछ देर तक यूं ही एक दूसरे की तरफ देखते रहे। सभी फिल्म देखने का मजा ले रहे थे और हम अपना।

तभी सूरज और पूजा हमारी तरफ देखने लगे लेकिन मैंने सोचा की अब मौका मिला है तो अब मौके को हाथ से नहीं जाने देना चाहिए मैं जानबूझकर सूरज और पूजा को नजर अन्दाज करने लगा।

'अरे क्या कर रहे हो, सूरज ने धीरे से मुस्कुराते हुए कहा।

मैंने उनकी तरफ हाथ का इशारा कर दिया।

मेरा हाथ गलती से नेहा के पैर पर चला गया।

नेहा एकदम से मुझसे दूर हो गई।

'क्या हुआ', मैंने जल्दी से कहा। कुछ नहीं, उसने बैचेनी सी जताते हुए कहा।

'क्या हुआ', सूरज ने हमारी तरफ मुड़कर कहा।

'पूजा भी हमारी तरफ देखने लगी।

'कुछ नहीं हुआ', मैंने जानबूझकर कहा। और फिल्म देखने लगा।

वो भी फिल्म देखने लगे।

मैं सोच रहा था कि ये मुझसे दूर क्यों हो गई।

मेरे मन मे काफी सवाल दौड़ने लगे और फिर कुछ देर बाद मैंने अपना पूरा कॉनसन्ट्रेट मूवी पर किया।

मूवी खत्म हो जाने के बाद हम सभी वहाँ के नजदीकी टूरिस्ट रेस्टोरेन्ट पर पहुँच गए। हम चारों एक ही टेबल पर बैठे थे।

'क्या लोगे बताओं', मैंने कहा।

'तुम दोनों और बता दो', मैने सूरज और नेहा की तरफ देखते हुए कहा।

'पिज्जा', पूजा ने झट से कहा।

'ओके', मैंने कहा। और वेटर को बुलाकर पिज्जा ऑर्डर कर दिया।

तभी कुछ ही देर में वेटर हमारी टेबल पर पिज्जा रखकर चला गया। सभी ने पिज्जा खाना स्टार्ट कर दिया।

'हूँ...। अच्छा है', नेहा ने पिज्जा खाते हुए कहा।

कुछ ही देर मे हमने पिज्जा खा लिया।

'और क्या लोगे?' मैंने पूछा।

'बस।' सूरज ने कहा।

'और तुम दोनों?' मैंने नेहा और पूजा दोनों से पूछा।

'बस।' उन दोनों ने भी कहा।

'इतनी जल्दी पेट भर गया तुम सबका?' मैंने मुस्कुराते हुए कहा।

'हाँ', उन तीनों ने एक साथ कहा।

मैंने वेटर को बुलाकर चार पैस्ट्री ऑर्डर कर दी।

'रोहन रहने दे अब हमसे नहीं खाया जाएगा, सूरज ने कहा।

'हाँ रहने दो अब', पूजा और नेहा ने कहा।

'नहीं-नहीं ये तो तुम सब को खाना ही पड़ेगा', मैंने कहा।

तभी वेटर टेबल पर चार पेस्ट्री रखकर चला गया।

'खाओ-खाओ', मैंने उन तीनों की तरफ इशारा करते हुए कहा।

उन्होंने खुद पर जबरदस्ती जताते हुए पेस्ट्री खाना स्टार्ट कर दिया।

पेस्ट्री खाते वक्त भी मैं उसी सिनेमा हॉल वाली बात को सोच रहा था की यार नेहा मेरे हाथ लगाते ही मुझसे दूर क्यों हो गई?

कुछ ही देर बाद हम चारों ने पेस्ट्री खा ली उन तीनों ने थोड़ी-थोड़ी पैस्ट्री छोड़ दी थी और मैंने पूरी खा ली थी।

'अरे ये क्यों छोड़ दी', मैंने उन तीनों की तरफ देखते हुए कहा।

'नहीं अब नहीं खाई जा रही हमसे', उन तीनों ने हाथ का इशारा करके मना करते हुए कहा।

'ओके। तो और बताओ कहा चलोगे', मैंने कहा।

'अब कहीं नहीं घर चलेंगे', नेहा ने कहा।

'सूरज तू बता?' मैंने कहा।

'और क्या सही कह रही है ये', उसने कहा। 'काफी टाईम हो चुका है अब घर ही चलते है।'

'ओके। ऐज योर विश', मैंने कुर्सी से खड़े होते हुए कहा।

वो तीनों भी कुर्सी से खड़े हो गए।

'तुम चलो मैं बिल पै करके आता हूँ', मैंने कहा।

'ओके', सूरज ने कहा। 'और वो तीनों वहाँ से बाहर की तरफ चले गए।

'ओके बाए, कल मिलते है', नेहा ने अपनी स्कूटी स्टार्ट करते हुए कहा।

'ओके बाए', मैंने और सूरज ने कहा।

पूजा उसकी स्कूटी पर बैठ गई और वो दोनों वहाँ से चली गई।

'तू भाई मौके को हाथ से नहीं जाने देता', सूरज ने कहा।

'कैसे?' मैंने पूछा। 'वही सिनेमा हॉल वाला', उसने कहा।

मैं भी हँसने लगा और कहा। 'तूने क्यों नहीं उठाया मौके का फायदा।'

'यार मैंने कोशिश तो की थी लेकिन उसका पूरा ध्यान मूवी पर था, वो मेरी तरफ देख तक नहीं रही थी', उसने बाईक पर बैठकर बाईक स्टार्ट करते हुए कहा।

'कभी भी मौका मिले तो मौके को हाथ से मत जाने देना?' मैंने भी बाईक पर बैठकर बाईक स्टार्ट करते हुए कहा।

'कोशिश करूँगा', उसने कहा और इतना कहकर वो बाईक लेकर वहाँ से चला गया।

मैं भी बाईक लेकर अपने घर आ गया।

रात को नॉवल लिखने के बाद अगली सुबह कॉलेज में पता चला की सूरज के पापा गुजर चुके है। मैं कॉलेज से सीधा सूरज के घर पहुँचा। उस वक्त लोग उसके पापा को दाह संस्कार के लिए ले जा रहे थे, वहाँ पर लोगों की काफी भीड़ थी और उसी भीड़ में सूरज बिल्कुल गुमसुम था। और आँखों में आँसू लिए चल रहा था। मैं भी उनके साथ चल दिया। मैं सूरज से एक लब्ज तक ना बोल पाया, करीब दो घण्टे वहाँ बिताने के बाद वापस मैं अपने घर लौट आया। घर आकर मैं सीधा अपने रूम में पहुँचा और अलमारी को खोलकर सूरज के पापा का दिया हुआ पैन ढूँढने लगा, तभी मुझे वो पैन दिखाई दिया, मैं उस पैन को आराम से उठाकर गौर से देखने लगा, उस पैन को देखते-देखते मुझे सूरज के पापा की याद आने लगी, मैं बैड पर बैठ गया और पैन को बार-बार घुमाते हुए देख रहा था। मैं उस वक्त

उनको बहुत मिस कर रहा था, कुछ देर यूँ ही बैठने के बाद मैंने अपना नॉवल लिखना स्टार्ट कर दिया।

कुछ दिन ऐसे ही चलता रहा मैं रोजाना कॉलेज जाता और कॉलेज में नेहा मेरी तरफ देखती रहती थी और मैं उसकी तरफ। घर आकर मैं रात को नॉवल लिखता था और फिर सो जाता था और सूरज पाँच दिन से कॉलेज नहीं आया था। सब कुछ ऐसे ही चल रहा था और फिर छटे दिन कॉलेज की छुट्टी होने के बाद मैं अपने घर लौटा।

'रोहन आ गए तुम', मम्मी ने मुझे घर में अन्दर पहुँचते ही कहा।

मैं चुप रहा और सिर्फ एक नजर उनकी तरफ देखा।

'बेटा मैं और तुम्हारे पापा कल तुम्हारे मामा को देखने के लिए जाएँगे', उन्होंने कहा। 'और शाम तक लौट आएँगें।'

'क्यूँ ? क्या हुआ मामा को?' मैने जल्दी से कहा।

'उनका एक्सीडेन्ट हो गया है', उन्होंने कहा। 'वैसे ज्यादा सीरियस चोट तो नहीं आई है उन्हे हाँ लेकिन उनका पैर टूट गया है।'

'कैसे हो गया उनका एक्सीडेन्ट।'

'वो शाम को बाईक पर ड्यूटी से वापस घर लौट रहे थे तभी उनकी टक्कर एक दूसरे बाईक वाले से हो गई और उस टक्कर से उनका पैर टूट गया', उन्होंने कहा।

'अब कहाँ पर है वो?'

'अब तो घर पर ही है', उन्होंने कहा।

'आप और पापा कल जाएँगें उन्हें देखने के लिए?'

'हाँ कल जाएँगें', उन्होंने कहा।

'आपको किसने बताया था की मामा का एक्सीडेन्ट हो गया है।'

'तुम्हारी मामी का फोन आया था उसी ने बताया था की तुम्हारे मामा का एक्सीडेन्ट हो गया है।' उन्होंने कहा।

मैं गर्दन हिलाते हुए अपने रूम में चला गया और खुशी के मारे उछलने लगा, क्योंकि कल मम्मी और पापा तो मामा के घर चले जाएगें और मैंने तय कर लिया था की मैं पीछे से नेहा को घर पर बुला लूँगा।

रात को ग्यारह बजे नॉवल लिखने के बाद मैं कल सुबह की प्लानिंग कर रहा था कि कल जब नेहा घर पर आएगी तो मैं उसके साथ क्या-क्या करूँगा, मैं मन की मन ये सब सोचकर तकिऐ को बाँहों में भरकर मुस्कुरा रहा था।

'बाए मम्मी, बाए पापा', मैंने अगली सुबह उन्हें घर से बाहर बाईक पर विदा करते हुए कहा।

उनके जाते ही मैं घर के हॉल में आ गया, मैंने जल्दी से फोन में टाईम देखा, उस वक्त सिर्फ सात ही बजे थे मुझे इंतजार था तो सिर्फ नौ बजे का। मैं इधर-उधर घूमता रहा और कुछ देर वक्त बिताने के बाद आखिकार नौ बज गए, मैंने जल्दी से नेहा के पास कॉल कर दी।

'हैलो', नेहा ने कहा।

'हाँ हैलो नेहा, कहाँ पर हो तुम।'

'कॉलेज में हूँ', उसने कहा। 'आज इतनी सुबह-सुबह याद कैसे आ गई मेरी।'

'तेरी स्कूटी की पार्टी लेनी है तुझसे।'

'ओके दे दूँगी। कॉलेज में तो आ जाओ।'

'नहीं आज मैं कॉलेज नहीं आ रहा हूँ, तुम ऐसा करो मेरे घर आ जाओं।'

'घर पर क्या पार्टी थोड़ी ना दी जायेगी', उसने हैरानी से कहा। 'घर में तो तुम्हारे मम्मी पापा भी होंगे।'

'तुम ये समझ लो की मुझे ना तुम्हारी पार्टी की जगह किस चाहिए।'

वो हँसने लगी।

'हाँ किस तो दे दूँगी मैं, लेकिन तुम्हारे मम्मी पापा?'

'मम्मी पापा नहीं हैं यहाँ पर', वो कहीं गए है।

'कहाँ पर?' उसने जल्दी से पूछा।

'ये सब मैं तुम्हें बाद में बताऊँगा, पहले तुम घर आ जाओ।'

'ओके। पाँच मिनट में आती हूँ', और इतना कहकर उसने कॉल कट कर दी।

मैं जल्दी से दौड़कर बाथरूम में पहुँच गया मैंने जल्दी से हाथ मुहँ धो लिए, और जल्दी से बालों में कँघी करके रेडी हो गया।

तैयार होकर मैं जल्दी से घर के बाहर पहुँचकर उसका इंतजार करने लगा। उस वक्त एक-एक सैकेण्ड मुझे उसका वेट करना भारी लग रहा था।

तभी मुझे वो स्कूटी पर आती हुई दिखाई दी उस वक्त वो ब्लैक कलर की टीसर्ट और पैन्ट पहने हुए बहुत ही खूबसूरत लग रही थी।

उसकी स्कूटी धीरे से मेरे पास आकर रूकी।

हम दोनों घर के अन्दर पहुँच गए, मैंने जल्दी से घर का मैन दरवाजा लॉक कर दिया।

'आओ मैं तुम्हें अपना बैडरूम दिखाता हूँ।'

'चलो', उसने गर्दन हिलाते हुए कहा।

मैं उसे अपने बैडरूम में ले गया और मैंने बैडरूम का दरवाजा भी लॉक कर दिया।

वो तुरन्त मेरी तरफ देखकर मुस्कुरा दी।

मैं भी उसे देखकर मुस्कुरा दिया।

'अच्छा यहाँ से करते हो तुम मुझसे फोन पर बातें', उसने मुस्कुराते हुए कहा।

मैं उस टाईम को यूं ही बातों में वेस्ट नहीं करना चाहता था, इसलिए मैं चुप रहा और उसके करीब पहुँच गया।

वो मेरी आँखों में आँखें डालकर देखने लगी, मैंने धीरे से उसकी कमर पर अपना हाथ लगाया और उसे बिल्कुल अपने करीब खींच लिया, अब हम दोनों की नाक एक दूसरे की नाक से टच हो गई थी और हमारी आँखें एक दूसरे की आँखों को घूरे जा रही थी, मैं धीरे-धीरे कदम बढ़ाते हुए उसे दीवार के पास ले गया और मैंने उसकी पीठ दीवार से लगा दी। उसके दोनों हाथ मेरी गर्दन के पीछे लगे हुए थे। और मैंने उसे कसकर बाँहों में थामा हुआ था। वो धीरे-धीरे मेरे होठों को चूमने लगी, मुझे ऐसा करने में बिल्कुल भी मजा नहीं आ रहा था इसलिए मैं जल्दी-जल्दी उसके होठों को चूमने लगा, मैं उसके ऊपर के होठ को चूम रहा था और वो मेरा निचला होठ।

कुछ देर ऐसे ही चलता रहा, फिर मैंने सोचा की अब थोड़ा आगे बढ़ना चाहिए।

और फिर हम दोनों एक हो गए।

और फिर उसके बाद हम काफी देर तक यूँ ही बैड पर लेटे रहे।

'अब मुझे चलना चाहिए', उसने कहा। 'काफी देर हो चुकी है।'

मैंने अपना फोन पेन्ट की जेब से निकाला टाईम देखा, और कहा। 'रिलेक्स नेहा अभी तो सिर्फ ग्यारह ही बजे है।'

वो चुप रही।

मैं समझ गया था की उसे सिर्फ टाईम का डर इसलिए था की कहीं वो घर पहुँचने में लेट ना हो जाए।

'नेहा मैं तुम्हें बहुत प्यार करता हूँ', मैंने उसके गालों पर हाथ रखकर धीरे से कहा।

'तुम कितना प्यार करती हो मुझसे?'

'तुमसे तो ज्यादा ही करती हूँ', उसने हल्का सा हँसते हुए कहा।

मैं भी हँसने लगा।

'रोहन रियलि मैं तुमसे बहुत प्यार करती हूँ', उसने आवाज मे दर्द घोलते हुए कहा।

मैं चुप रहा। और सिर्फ उसे देखता रहा।

उसने मेरे गालों पर अपने हाथ रखे और कहा। 'पता नहीं तुम्मे ऐसा क्या था जिसकी वजह से मैं तुम्हारी तरफ अटरैक्ट हो गई।

'तुम्हारे लिए प्यार', मैंने जल्दी से कहा।

उसने एक छोटी सी स्माईल दे दी।

'मेरे पास तुम्हारे लिए एक सरप्राईज है', मैंने जल्दी से कहा।

'क्या?' उसने तुरन्त पूछा।

'चलो उठो पहले तुम फ्रैश हो जाओं तब बताऊँगा, मैंने बैड से उतरकर कहा।

बॉथरूम में फ्रैश होने के बाद मैं वापस अपने रूम में आया उस वक्त नेहा शीशे के आगे खड़े होकर बालों को कंघी से ठीक कर रही थी।

'आओ तुम्हें बाथरूम दिखाता हूँ', मैंने कहा।

'चलो', उसने कंघी वहीं शीशे पर रखते हुए कहा।

मैं उसे बॉथरूम तक ले गया और वहीं बॉथरूम के बाहर ही कुछ देर उसका वेट करता रहा।

'क्या है तुम्हारा सरप्राईज?' उसने मुस्कुराते हुए कहा।

'आज मैं तुम्हें अपने हाथों से कॉफी बनाकर पिलाऊँगा।'

'अच्छा तो ये है तुम्हारा सरप्राईज', उसने कहा।

'हाँ।'

'चलो देखते है कैसी कॉफी बनाते हो तुम', उसने एक छोटी सी स्माईल के साथ कहा।

मैंने उसे हॉल में ले जाकर सोफे पर बिठा दिया।

'मैं अभी पाँच मिनट मे कॉफी बनाकर लाता हूँ', मैंने कहा। और मैं सीधा रसोई मे चला गया और कुछ ही देर बाद मैं दो कप कॉफी बनाकर ले आया, मैंने दोनों कप सोफे के सामने रखी हुई शीशे की टेबल पर रख दिए और मैं खुद भी सोफे पर उसके करीब बैठ गया।

'ले लो कॉफी', मैंने कहा।

'नहीं मैं गर्म कॉफी नहीं पीती।

'तो थोड़ी ठंडी हो जाने दो तब पी लेना', मैंने कहा।

'हाँ तो अब बताओं कहाँ गए है तुम्हारे मम्मी पापा', उसने कहा।

'मामा जी का एक्सीडेन्ट हो गया है उन्हें देखने के लिए गए है।'

'क्या हुआ तुम्हारे मामा जी को', उसने जल्दी से पूछा।

'नहीं वैसे ज्यादा सीरियस चोट तो नहीं आई है सिर्फ एक पैर टूट गया है।'

'कैसे हुआ था उनका एक्सीडेन्ट', उसने कहा।

'वो शाम को बाईक पर ड्यूटी से घर लौट रहे थे तभी उनकी टक्कर एक दूसरे बाईक वाले से हो गई।'

'शुक्र है कि उन्हें ज्यादा चोट नहीं आई है', उसने कहा।

मैंने गर्दन हिला दी।

'कॉफी ले लो अब तो ठंडी भी हो चुकी है ये', मैंने कॉफी कप उठाकर उसके हाथ में थमाते हुए कहा।

'पीयो', मैंने कहा। और इतना कहकर मैंने भी अपना कॉफी कप उठा लिया।

उसने धीरे से कॉफी की एक चुस्की ली।

'कैसी लगी कॉफी', मैंने जल्दी से पूछा।

'अच्छी बहुत अच्छी', उसने एक छोटी सी स्माईल के साथ कहा।

मुझे उसकी ये बात सुनकर अच्छा लगा।

'थैंक्स', मैंने कहा।

उसने कॉफी पीते हुए अपनी पेन्ट की जेब से फोन निकाला और उसमे देखते हुए कहा। 'अरे एक बज चुका है अब मुझे चलना चाहिए।'

उसे उस वक्त जल्दी जाने की लगी हुई थी, और मुझे ऐसा लग रहा था की ये यहाँ से कभी जाए ही ना।

'पहले कॉफी तो पी लो तब चली जाना।'

वो जल्दी-जल्दी कॉफी पीने लगी।

मैं ये सोच रहा था की ये पल कभी खत्म ही ना हो लेकिन वो पल उस कॉफी की तरह था जिसे वो जल्दी-जल्दी खत्म किये जा रही थी।

'अरे आराम से पी लो इतनी जल्दी भी क्या है', मैंने कहा।

लेकिन उसने मेरी बात पर ध्यान नहीं दिया और जल्दी-जल्दी कॉफी को पीते हुए आखिरकार उसने कॉफी खत्म कर डाली।

'ओके बाए चलती हूँ', उसने खाली कप टेबल पर रखकर सोफे से खड़े होते हुए कहा।

'मैंने थोड़ा रोमैन्टिक अन्दाज में कहा, 'रूको।

'हूँ...', उसने रूककर कहा।

मैं चुप रहा और उसकी तरफ प्यार से देखता रहा।

वो करीब पाँच सैकेण्ड मेरी तरफ गौर से देखती रही और फिर कहा। 'अब जाऊँ।'

'नहीं।' मैंने उसका हाथ पकड़कर और ज्यादा रोमेन्टिक होते हुए कहा।

'बहुत टाईम हो चुका है अब जाने दो', उसने मुस्कुराते हुए कहा।

'ओके। मैंने उसका हाथ छोड़कर एक छोटी सी स्माईल के साथ कहा।

'घर के बाहर तक भी नहीं चलोगें मुझे छोड़ने के लिए?' उसने कहा।

'वाय नोट', मैंने मुस्कुराते हुए कहा।

मैं उसे घर के बाहर तक छोड़ने के लिए गया। उसने स्कूटी पर बैठकर एक बार मेरी तरफ देखा।

'आई लव यू नेहा', मैंने बिना आवाज निकाले सिर्फ मुँह चलाकर ही बोल दिया।

'आई लव यू टू', उसने भी बिना आवाज निकाले सिर्फ मुँह चलाकर ही बोल दिया और बोलकर उसने स्कूटी स्टार्ट की और वहाँ से चली गई, मैं वापस घर में अन्दर आ गया मैं उस वक्त बहुत खुश था मुझे बार-बार नेहा और मेरे बीच जो हुआ था वो सब याद आ रहा था।

शाम को पाँच बजे मम्मी पापा घर वापस आ गए मैंने तब तक अपने रूम का हुलिया ठीक कर लिया था, उस वक्त मैं बाहर सोफे पर बैठकर यूटयूब चला रहा था।

'अरे आ गए आप', मैंने उन्हे देखते ही सोफे से खड़े होकर कहा।

'आज कैसा गया तुम्हारा दिन', पापा ने मेरे पास आकर कहा।

'हाँ ठीक था', मैंने कहा।

पापा सोफे पर बैठ गए और मम्मी सामान लेकर अपने रूम में चली गई, मैं भी उनके पास सोफे पर बैठ गया। उन्होंने एक सिगरेट निकाली और लाईटर से जलाकर पीने लगे।

'अब कैसे है मामा?' मैंने पूछा।

'हाँ अब तो ठीक है', उन्होंने कहा। और सिगरेट में एक लम्बा कश मारकर धुआँ बाहर छोड़ दिया।

'पापा पानी लेके आऊँ आपके लिए?'

'हाँ ले आओ', उन्होंने कहा।

'मैं उनके लिए एक शीशे के गिलास में पानी ले आया।

'लीजिए पापा', मैंने गिलास उनकी तरफ करते हुए कहा।

उन्होंने गिलास मेरे हाथ से लेकर पानी पी लिया और गिलास मुझे वापस कर दिया, मैं उस गिलास को रसोई में रखकर अपने रूम की तरफ जाने लगा।

'रोहन इधर आओ', पापा ने कहा।

'जी पापा', मैंने उनके पास जाकर कहा।

'यहाँ बैठो', उन्होंने सोफे पर हाथ फैलाते हुए कहा।

मैं सोफे पर बैठ गया और उन्होंने सिगरेट में आखिरी घूंट मारकर सिगरेट वही रखी हुई शीशे की टेबल पर रगड़कर बुझा दी।

'जी पापा बताईए?' मैंने फिर से कहा।

'तुम राईटर बनना चाहते हो?' उन्होंने सिरियस अन्दाज से कहा।

'मुझे उनकी बात कुछ समझ में नहीं आई।

'पापा मैं कुछ समझा नहीं', मैंने हैरानी से कहा।

'मुझे सिर्फ ये बताओ की तुम राईटर बनना चाहते हो या नहीं?' उन्होंने फिर से सिरियस अन्दाज मे कहा।

'हाँ।' मैंने धीरे से कहा।

'बेटा अगर राईटर बनना है तो अपनी पूरी-पूरी मेहनत उसमें लगा दो, एक बार गलती हो फिर दोबारा से ट्राई करो फिर दोबारा गलती हो तो फिर दोबारा से ट्राई करो, अगर ऐसे ही गलती करने के बाद भी तुम हार नहीं मानोगें तो तुम एक दिन जरूर राईटर बन जाओगें।'

मैं चुप रहा और उनकी बातें सुनता रहा, मुझे उनकी बातों से उत्साह मिल रहा था।

'बेटा जो मेहनत तुम कर रहे हो उससे तुम राईटर तो बन जाओगें लेकिन एक अच्छे और टॉप लेवल के राईटर नहीं बन पाओगें।'

'मैं चुप रहा और उनकी बात सुनने के बाद मुझे एहसास हुआ की सच में मैं नॉवल लिखने में ज्यादा मेहनत नहीं कर रहा था, मैं अन्दर ही अन्दर अपने आप को बेइज्जत महसूस कर रहा था।

'क्या तुम वाकई इतनी मेहनत कर रहे हो?' उन्होंने पूछा।

'नहीं।' मैंने गर्दन झुकाकर कहा।

'तो बेटा तुम ऐसे हार मत मानो तुम्हें औरो से ज्यादा मेहनत करनी पड़ेगी तब जाकर तुम औरो से आगे निकल पाओगें।'

'जी पापा अब मैं और ज्यादा मेहनत करूँगा और एक बेहतरीन राईटर बनकर ही दिखाऊँगा', मैंने थोड़ा हौंसला जताते हुए कहा।

'हाँ ये हुई ना बात', उन्होंने कहा। 'बेटा अपना गोल सैट करो और उसे पाने की जिद ठान लो, और उसे पाकर ही दम लो।'

उनकी बातों को सुनने के बाद मुझमें एक नई उमंग सी जाग उठी। मैंने सोच लिया था कि अब मैं एक अच्छा राईटर बनकर ही दम लूँगा।

'ठीक है अब अपने रूम में जाओं और अपनी नॉवल पर कोन्सन्ट्रेट करो', उन्होंने मेरी पीठ थपथपाते हुए कहा।

मैं वहाँ से उठकर अपने रूम में चला गया। मैंने तुरन्त अपने रूम का दरवाजा लॉक किया और अपनी नॉवल नोटबुक को उठाकर पढ़ने लगा, मुझे उस नॉवल में कुछ खास दम नहीं नजर आया इसलिए मैं दूसरी स्टोरी के बारे में सोचने लगा, काफी देर तक सोचने के बाद भी मुझे एक अच्छी स्टोरी नहीं मिली।

शाम के सात बज चुके थे और मै तब भी स्टोरी के बारे में सोच रहा था।

'रोहन आकर खाना खा ले', मम्मी ने बाहर हॉल से ही तेज आवाज में कहा।

'अभी आया', मैंने कहाँ। और वहा से खाना खाने के लिए चला गया।

खाना खाने के बाद रात के ग्यारह बजे थे। मैं तब भी बार-बार एक अच्छी स्टोरी के बारे में सोच रहा था। बार-बार करवट लेकर मुझे सोचते हुए एक बज गया और उस वक्त मुझे जोरो से नींद आने लगी, मुझे पता ही नहीं चला की कब मुझे नींद आ गई और मैं सो गया।

'अगली सुबह मैं कॉलेज के बाहर अपनी बाईक पर बैठा हुआ था। उस वक्त भी मैं स्टोरी के बारे में सोच रहा था तभी एक पिंक कलर की स्कूटी मेरे बराबर में आकर रूकी।

'मैंने जल्दी से अपनी गर्दन ऊपर की। मैंने देखा की उस पर नेहा और पूजा थी।

'अरे आज सुबह-सुबह कॉलेज के बाहर कैसे?' नेहा ने अपने आईब्रो उचकाते हुए कहा।

'कुछ नहीं बस वैसे ही', मैंने कहा।

'नहीं कुछ तो बात है किसी सोच में डूबे हुए हो तुम', उसने कहा।

'तभी दो कार मुझे तेजी से नेहा की तरफ आती हुई दिखाई दी।

'अबे रोक इसे', मैं अपनी बाईक से जल्दी कूदकर स्कूटी के आगे आकर तेजी से चिल्लाया।

तभी एक कार तो हमारे बराबर से तेजी से गुजर गई और दूसरी काले रंग की कार हमारे सामने एक लम्बी सिलिप काटते हुए बिल्कुल हमारे करीब आकर रूक गई।

'मुझे उस वक्त बहुत ज्यादा गुस्सा आ गया था। मैं जल्दी से उस कार के ड्राईवर वाले दरवाजे को खोला मैंने देखा की उसमें एक मेरे बराबर का लड़का एकदम टिप-टोप और अच्छे कपड़े पहने हुए बैठा था।

मैंने उसकी कमीज के कॉलर पकड़े और उसे गुस्से में बाहर निकाल लिया।

मैंने देखा की उस लड़के की हाईट मेरे बराबर की ही थी।

'देखकर नहीं चला सकता अंधा है क्या तू', मैंने गुस्से में कहा।

'रोहन रहने दो', नेहा ने जल्दी से मेरे पास आकर कहा।

'और अगर अभी तुम्हें कुछ हो जाता तो', मैंने नेहा से तेज आवाज में कहा।

'रोहन रहने दो झगड़ा मत करो', नेहा ने रिक्वेस्ट करते हुए कहा।

'आईन्दा आँखें खोलकर चलाना', मैंने उसके कॉलर छोड़ते हुए तेज आवाज में कहा।

'वो नेहा को गौर से घूरे ही जा रहा था।

'अबे पिटकर ही मानेगा क्या?' मैंने उसको धक्का मारते हुए कहा।

'तुम्हारा नाम नेहा है ना?' उसने नेहा से कहा।

मैं उसके मुँह से नेहा का नाम सुनकर हैरान रह गया, उसके मुँह से नेहा का नाम सुनते ही मैं उससे झगड़ा करने से रूक गया।

'हाँ। लेकिन तुम्हे कैसे पता?' नेहा ने हैरानी से कहा।

'मै अरूण', उसने जवाब दिया।

'अरूण कौन अरूण?' नेहा ने गौर से सोचते हुए कहा।

'वही जो तुम्हारे साथ नाईन्थ क्लास में पढ़ता था,' अरूण ने मुस्कुराते हुए कहा।

'अच्छा वो अरूण', नेहा ने एक बड़ी स्माईल देते हुए कहा।

'हाँ वहीं।' अरूण ने मुस्कुराते हुए कहा।

'अरे बहुत बड़े हो गए हो अब तुम', नेहा ने उससे हाथ मिलाते हुए कहा।

'तुम भी तो हो गई हो', अरूण ने मुस्कुराते हुए कहा।

'सॉरी यार', मैंने अरूण से कहा।

'इटस ओके यार', अरूण ने कहा।

उसने अपने मुँह से इटस ओके शब्द बोल तो दिया था लेकिन उसने ये शब्द नहीं बोले की यार तुम क्यों सॉरी माँग रहे हो आखिरकार गलती तो मेरी ही थी मैं सॉरी माँगता हूँ। लेकिन उसने ये शब्द बिल्कुल भी नहीं कहे। बल्कि मेरे सॉरी माँगने पर इटस ओके कह रहा था, मुझे तो वो घमन्डी सा लग रहा था और उसकी बॉडी शेप भी ऐसी ही थी जैसी नेहा को पसंद थी।

'क्या कर रहे हो तुम आजकल', नेहा ने अरूण से कहा।

'बी.एससी मेडिकल', अरूण ने जवाब दिया।

'कौन से कॉलेज से', नेहा ने पूछा।

'संस्कार कॉलेज से', अरूण ने अपनी कार की छत पर हाथ रखकर टोर जमाते हुए कहा।

वो एक महंगा कॉलेज था।

'अरे वाह अच्छी बात है', नेहा ने मुस्कुराते हुए कहा।

'और तुम क्या कर रही हो', अरूण ने पूछा।

'मैं भी बी.एससी कर रही हूँ।'

'मेडिकल या नॉन मेडिकल?' अरूण ने तुरन्त पूछा।

'मेडिकल।' नेहा ने जवाब दिया।

'कौन से कॉलेज से', अरूण ने तुरन्त पूछा।

'इसी नेहरू कॉलेज से', नेहा ने कहा।

मुझे उन दोनों को बातें करते देख बिल्कुल भी अच्छा नहीं लग रहा था।

'चलो अच्छी बात है', अरूण ने अपने दाएँ हाथ की ऊँगली चटकाते हुए कहा।

'हाए आए एम अरूण', उसने पूजा से हाथ मिलाते हुए कहा।

'आई एम पूजा', पूजा ने भी उससे हाथ मिलाते हुए कहा।

'और ये है मेरा बॉयफ्रेड', नेहा ने मेरी तरफ इशारा करते हुए कहा।

उसने एक बार मुझे ऊपर से नीचे तक देखा और फिर गर्दन चटकाने के बाद मुझसे हाथ मिलाया।

मुझे उसके ऐसे बर्ताव को देखकर बहुत गुस्सा आ रहा था लेकिन मैं गुस्सा छिपाने के लिए स्माईल करता रहा। उसने हाथ तो इस तरह मिलाया था मुझसे जैसे की वो मुझ पर एहसान कर रहा हो।

उसने एक बार भी नेहा से ये नहीं कहा की तुम्हारा बॉयफ्रेड अच्छा है या बुरा, वो तो सिर्फ अपने घमण्ड में चूर था।

'नेहा मुझे तुम अपना वॉटसअप नम्बर दे दो, मैं तुम्हें शाम को कोन्टेक्ट करूँगा', अरूण ने कहा। अब तो मैं कॉलेज के लिए लेट हो रहा हूँ।

नेहा ने भी तुरन्त उसे अपना वॉटसअप नम्बर दे दिया, वॉटसअप नम्बर लेने के बाद वो जल्दी से अपनी कार में बैठा और तेजी से कार को वहाँ से ले गया।

'आज एक बहुत पुराने फ्रेन्ड से मिलकर बहुत अच्छा लगा', नेहा ने एक बड़ी स्माईल देते हुए कहा।

'और बस यहीं से ये मेरी जिन्दगी का टर्निंग पॉईट था।

कॉलेज में अन्दर पहुँचकर वहीं सब होने लगा जो रोज मैं और नेहा किया करते थे। हम दूर से ही एक दूसरे की तरफ फलाईगं किस कर रहे थे। और सूरज उस दिन भी कॉलेज नहीं आया था।

रात को करीब दो बजे हुए थे, मैं तब भी पूरी मेहनत से एक नई नॉवल लिखे जा रहा था। उस दिन से मैं नॉवल को कुछ ज्यादा ही टाईम देने लगा था।

अगले दिन जब मैं कॉलेज पहुँचा मैंने देखा की एक काले रंग की कार हमारे कॉलेज में खड़ी हुई थी। मैंने गौर से उस कार को देखा, मैंने उस कार को पहचान लिया, वो कार अरूण की थी।

मैं इधर-उधर नजर घुमाते हुए अरूण को ढूँढ़ने लगा तभी एकदम से मुझे अरूण दिखाई दिया, मैंने देखा की वो नेहा के साथ खड़े होकर नेहा से बातें कर रहा था। मैं उन दोनों के पास गया।

मेरे वहाँ पहुँचते ही अरूण ने नेहा को बाए कहा और वहाँ से कार में बैठकर चला गया।

'नेहा उसकी कार को गौर से देखे जा रही थी।

'हैलो नेहा', मैंने उसकी आँखों के सामने अपना हाथ हिलाते हुए कहा।

'अरे आ गए तुम', उसने एकदम से कहा।

'आज पूजा नहीं आई', मैंने पूछा।

'नहीं वो नहीं आई, उसने कहा।

'और सूरज?'

'वो भी नहीं आया', उसने कहा।

फिर मैंने सोचा की मुझे अब तो सूरज के पास कॉल कर लेनी ही चाहिए, फिर मैंने एकदम से सोचा की नहीं - नहीं अभी नहीं अभी तो वो उस सदमे से बाहर नहीं आ पाया होगा, मैंने ये सब सोचने के बाद उसके पास कॉल ना करने का डिसीजन ले लिया।

'ये अरूण सुबह-सुबह हमारे कॉलेज में क्या कर रहा था', मैंने पूछा।

'कुछ नहीं बस मुझसे मिलने के लिए आया था', उसने कहा।

'कल हुई थी तुम्हारी और उसकी वॉटसअप पर बातें?'

'हाँ हुई थी', उसने कहा।

'कहाँ पर रहता है वो?'

'अल्फा फस्ट में', उसने जवाब दिया।

'लड़का तो काफी स्मार्ट है ये, है ना?' मैंने ऐसा जानबूझकर पूछा था। मैं ये देखना चाहता था कि ये उसके बारे में क्या सोचने लगी थी।

'हाँ स्मार्ट तो है लेकिन तुमसे ज्यादा नहीं', उसने मुस्कुराते हुए मेरी आँखों में आँखों डालकर कहा।

मुझे उसकी ये बात सुनकर अच्छा लगा, और मेरे दिल में जो उसके लिए हल्का सा शक पैदा हुआ था वो भी हट गया।

'परसो मेरे घर पर कैसा लगा तुम्हें मेरे साथ वो सब करके?' मैंने एक छोटी सी स्माईल के साथ पूछा।

'वो तो तुम्हें भी पता है की कैसा लगा था। मुझे, उसने धीरे से हँसते हुए कहा।

'अरे बता तो दो?' मैंने फिर से मुस्कुराते हुए पूछा।

'रहने दो ये सब। छोड़ों', उसने स्माईल करते हुए कहा।

'ओके। तो ये बताओं की तुम्हें मेरे साथ किस करने में कैसा लगा था।'

'बहुत अच्छा।' बस, उसने स्माईल करते हुए कहा।

'और फिर ऐसे ही चार दिन बीत गए। अरूण नेहा के कुछ ज्यादा ही करीब आने लगा था। वो रोजाना सुबह-सुबह अपनी कार को लेकर नेहा से मिलने के लिए कॉलेज में आ जाया करता था।

'मैं सुबह बाईक लेकर कॉलेज पहुँचा, मैंने देखा की वहाँ पर सूरज की बाईक खड़ी हुई थी। मैं जल्दी-जल्दी इधर-उधर नजर घुमाते हुए सूरज को ढूँढ़ने लगा, तभी मुझे सूरज मेरी ही तरफ आते हुए दिखाई दिया।

'और सुना भाई कैसा है', सूरज ने मुझसे हाथ मिलाते हुए कहा।

'मैं तो ठीक हूँ बस तू सुना।'

'ये अरूण कहाँ से आ गया तुम दोनों के बीच मे', उसने अरूण की तरफ इशारा करते हुए कहा।

'उस वक्त अरूण नेहा से बातें कर रहा था, हालांकि मैं नेहा को दिख गया था लेकिन वो उससे ही बातें करने मे लगीं हुई थी।

'अरे ऐसा कुछ भी नहीं है वो सिर्फ अच्छे दोस्त है', मैंने उसको समझाते हुए कहा।

'हाँ वो सब तो मुझे पता है', उसने कहा। 'ये सब तो पूजा ने मुझे बता दिया है। लेकिन तू क्या कर रहा है उन दोनों को ऐसे करते हुए तू कब तक देखता रहेगा।'

'यार तू मेरी बात को नहीं समझ रहा है', मैंने उसके कंधों पर हाथ रखते हुए कहा।

'मैं सब कुछ समझ रहा हूँ और उन्हें ऐसा करते हुए देख भी रहा हूँ', उसने मेरा हाथ अपने कंधों से हटाते हुए कहा।

'जैसा तू समझ रहा है ना ऐसा कुछ भी नहीं है उन दोनों के बीच।'

'अब भाई तुझे ही अपनी आँखों से दिखाई ही नहीं दे रहा है तो तू खूब कर नेहा पर विश्वास', उसने थोड़ी नाराजगी जताते हुए कहा।

'एक तू ही तो है मेरा बेस्टफ्रेन्ड और तू ही मुझसे ऐसे नाराज हो रहा है', मैने उसके कंधों पर हाथ रखते हुए कहा।

'ओके भाई गलती हो गई जो मैंने तुझे एडवाईस दी', उसने कहा।

'अरे यार ऐसा क्यों कर रहा हैं तू।'

'चल ठीक है जैसी तेरी मर्जी तू वैसा कर', उसने कहा।

'अच्छा ये बता आन्टी कैसी है?' मैंने बात बदलते हुए कहा।

'मम्मी ठीक है', उसने कहा। 'लेकिन मम्मी कभी-कभी पापा को याद करके रोने लगती है।'

मैं चुप रहा।

'और कभी-कभी मुझें भी उनकी याद आ जाती है', उसने धीरे से कहा।

मैंने उसके कंधों पर हाथ रखा और धीरे-धीरे उसके कंधों को थपथपाने लगा।

'और तेरे घर पर सब ठीक है', उसने पूछा।

'हाँ सब ठीक है।'

'रोहन तू मेरी एक बात मानेगा।'

'हाँ जरूर। बता?'

'तू कम से कम इन दोनों पर नजर तो रख सकता है कि ये दोनों कर क्या रहे है', उसने कहा।

'वो तो मैं अब भी रखता हूँ।'

'फिर तो ठीक है', उसने कहा।

'इन दोनों पर नजर रखने के बाद ही तो मैं कह रहा था तुझसे की इन दोनों के बीच ऐसा कुछ नहीं है।'

'उसने गर्दन हिला दी।

'मैं सब कुछ जानता हूँ', मैंने कहा।

'क्या?' उसने मेरी बात बीच में ही काटते हुए कहा।

'ये अरूण, नेहा के पीछे हाथ धोकर पड़ा हुआ है', मैंने कहा। ये नेहा को सैट करना चाहता है तभी तो ये रोजाना अपनी कार लेकर कॉलेज में आ जाता है।'

'और नेहा?' उसने तुरन्त पूछा।

'नहीं-नहीं नेहा ने इसके लिए अभी तक उस तरह का फील नहीं किया हैं जिस तरह का वो मेरे लिए करती है।'

तभी हमारी नजर अरूण की कार की तरफ गई वो अपनी कार लेकर वहाँ से चला गया। और नेहा हमारे पास आ गई।

'नेहा अरूण तुमसे मिलने के लिए रोज कॉलेज क्यों आता हैं', सूरज ने कहा।

'वैसे ही', नेहा ने कहा।

'वैसे कैसे?' सूरज ने पूछा।

'सूरज उससे जानबूझकर ऐसे सवाल कर रहा था।

'अरे तुम तो ऐसे पूछ रहे हो की मानों मैं उसके साथ नए रिलेशन बना रही हूँ', उसने थोड़ा गुस्से में कहा।

'नहीं-नहीं मेरा वो मतलब नहीं है जैसा तुम समझ रही हो, सूरज ने उसे समझाते हुए कहा।

'और फिर क्या मतलब है?' नेहा ने पूछा।

'मेरे कहने का मतलब ये था की कहीं वो रोज-रोज यहाँ आकर तुम्हें तंग तो नहीं कर रहा है', सूरज ने बात बदलते हुए कहा।

'अच्छा। तंग नहीं हो रही हूँ मैं उससे बल्कि मुझे तो अच्छा लगता है उसके आने से मेरी बचपन की यादें ताजा हो जाती है।'

'हाँ ये तो तुमने सही कहा जब कोई बचपन का दोस्त मिलता है तो उसकी वजह से बचपन की यादें ताजा हो जाती है।' सूरज ने मुस्कुराते हुए कहा।

'सूरज अब घर में सब ठीक तो है', नेहा ने पूछा।

'हाँ अब तो ठीक है', सूरज ने जवाब दिया।

तभी पूजा हमारे पास आ गई।

'इसने अभी तक तुम्हे अपनी स्कूटी की पार्टी दे भी दी है या नहीं?' पूजा ने मुझसे पूछा।

मैं और नेहा एक दूसरे की तरफ देखकर हँसने लगे।

'अरे क्या हुआ तुम दोनों को?' पूजा और सूरज ने एक साथ पूछा।

'इसने मुझे पार्टी दे दी', मैंने नेहा की तरफ इशारा करके हँसी थामते हुए कहा।

'कब?' पूजा ने जल्दी से पूछा।

'तुम्हे बताया नहीं इसने?' मैंने पूछा।

'नहीं।' पूजा ने कहा।

'बता ना कब दी-तूने इसको पार्टी', पूजा ने नेहा से पूछा।

'पहले थोड़ा साईड में चल तब बताऊँगी', नेहा ने एक छोटी सी स्माईल के साथ कहा। और वो दोनों वहाँ से साईड में चली गई।

'कब दी थी तुझको उसने पार्टी', सूरज ने पूछा।

'कई दिन हो गए। मैंने उसको घर बुलाया था', मैंने कहा। और ऐसे ही मैंने उसको सारी बात बता दी।

'यार तुझे तो बहुत अच्छी मिली स्कूटी की पार्टी, उसने मुस्कुराते हुए कहा।

'सच में यार उस दिन बहुत अच्छा लगा था', मैंने एक छोटी सी स्माईल के साथ कहा।

'भाई मैं बिल्कुल मानता हूँ उस दिन तुझे बहुत अच्छा लगा होगा', उसने कहा।

तभी नेहा और पूजा भी वापस लौट आई।

'अच्छा तो ये सब किया था उस दिन तुम दोनों ने', पूजा ने एक बड़ी सी स्माईल देते हुए मुझसे कहा।

'हाँ', मैंने मुस्कुराते हुए कहा।

कॉलेज की छुट्टी होने के बाद मैं बाईक स्टार्ट करके जा ही रहा था।

'रोहन रूको', नेहा ने जल्दी से मेरे पास आकर कहा।

मैंने बाईक रोक दी।

'आज रात को मैं तुम्हे कॉल करूँगी।'

'ओके। मैंने कहा। और इतना कहकर मैं सीधा घर आ गया।

'खाना लेके आऊँ तुम्हारे लिए', घर मे अन्दर पहुँचते ही मम्मी ने मुझसे पूछा।

'हाँ।' मैंने अपने रूम की तरफ जाते हुए कहा।

मम्मी मेरे रूम में मेरे लिए खाना ले आई, और मुझे खाना देकर वहाँ से चली गई।

कुछ ही देर में मैंने खाना खा लिया।

रात के साढ़े नौ बजे मैं नॉवल लिख रहा था, तभी मेरे फोन की रिंग बजी। मैंने देखा की वो नेहा की कॉल थी।

'हैलो', मैंने कॉल रिसीव करने के बाद कहा।

'हूँ... हैलो क्या कर रहे हो', उसने कहा।

'कुछ नहीं बस लेटा हुआ हूँ।'

मैंने जानबूझकर उससे झूठ बोला था, क्योंकि अगर मैं उसे सच-सच बता देता तो वो मुझसे बात नहीं करती, वो कहती कि तुम अपने नॉवल पर कॉन्सनटरेट करो खामाखा तुम मेरी वजह से अपने नॉवल लिखने पर कॉन्सनटरेट नहीं कर पाओगें।

'लेटे हुए क्या कर रहे थे', उसने कहा।

'तुम्हे मिस', मैंने आवाज को धीमी करते हुए कहा।

'अच्छा जी। झूठ बोल रहे हो या सच?' उसने कहा।

'तुम्हे क्या लगता है?' मैंने पूछा।

'हूँ........! सच', उसने कहा।

'रियली तुम्हें ही याद कर रहा था।'

मैंने पॉइन्ट बनाने के लिए एक छोटा सा झूठ बोल दिया जबकि मैं नॉवल लिख रहा था।

'मैं भी तुम्हें ही याद कर रही थी।'

'झूठ बोल रही हो या सच?'

'तुम्हें क्या लगता है?' उसने कहा।

'झूठ।'

'यू आर राईट', उसने हल्का सा हँसते हुए कहा।

'फिर क्या कर रही थी तो?'

'वो अरूण से वॉटसअप पर अपने कुछ फोटों भेजे थे उन्हें ही देख रही थी।'

'कैसे लगे उसके फोटों तुम्हें', मैंने पूछा।

'बहुत अच्छे', उसने एकदम से जवाब दिया।

'किस तरह के पोज दे के फोटो खिंचा रखे थे उसने', मैंने पूछा।

'रोहन तुमने कभी उसकी बॉडी पर ध्यान दिया है', उसने आवाज को तेज धीमी करते हुए कहा।

'नहीं।'

'मैं ये देखना चाहता था की वो उसके बारे में क्या सोचती थी इसलिए मैंने नहीं कहा।

'बहुत मस्त बॉडी है उसकी, उसने कहा। एकदम फिट बॉडी है उसकी।

जब वो उसकी तारीफ किये जा रही थी तो मुझे बहुत गुस्सा आ रहा था क्योकि कुछ दिनों पहले जो मुँह मेरी तारीफ किया करता था आज वो उस घमंडी की तारीफ किए जा रहा था।

'अच्छा।' मैंने गुस्से को कन्ट्रोल करके आवाज में बयां ना करते हुए कहा।

'वो ऊपर से नीचे तक बिल्कुल परफेक्ट हैं', उसने आवाज को तेज धीमी करते हुए कहा।

'हूँ... और?'

'और वो एक बेहतरीन मॉडल बन सकता है', उसने कहा।

'तुम्हें कैसे पता?'

'कल रात को जब मैं उससे चैट कर रही थी तो तब उसने बताया था।'

'मैंने तुरंत सोचा की यार, ये वही मेरी वाली नेहा है या फिर बदल चुकी है क्योंकि उसकी ये बात सुनकर मुझे विश्वास नहीं हो रहा था कि मेरी नेहा मेरे अलावा किसी और से भी चैट कर सकती है।

'अच्छा तो तुम उससे रात को चैट करती हो।'

'हाँ।' उसने कहा।

'हाँ सुनने के बाद मेरे अन्दर का गुस्सा और ज्यादा बढ़ने लगा।

'क्यूँ।' मैंने गुस्से को आवाज मे बयां ना करते हुए कहा।

'क्यूँ मतलब?' उसने हैरानी से कहा।

'क्यूँ मतलब क्यूँ । क्यूँ करती हो तुम उससे चैट।'

'अच्छा तो तुम मुझ पर शक कर रहे हो', उसने गुस्से में कहा।

'पहले तो मुझे ये बताओं की तुम गुस्सा क्यों कर रही हो', मैंने बात को शान्त करते हुए कहा।

'मैं बात को शान्त करने की कोशिश इसलिए कर रहा था क्योंकि मैं उससे झगड़ा नहीं करना चाहता था, अगर मैं उससे झगड़ा कर देता तो वो अरूण के और ज्यादा करीब आ जाती।

'तुमने कहा ही इस तरह था मुझसे', उसने गुस्से मे कहा।

'अरे यार मेरा वो मतलब नहीं है जो तुम समझ रही हो', मैंने बात को शान्त करते हुए कहा।

'सॉरी यार।'

'नहीं पहले मुझे तुम ये बताओं के तुमने क्यूँ क्यों कहाँ', उसने गुस्सा जताते हुए कहा।

'सॉरी नेहा, मैंने फिर से कहा।'

वो चुप हो गई।

'अब मान भी जाओं', मैंने कहा।

'ओके।' उसने कहा। 'क्यूँ तुम्हें विश्वास नहीं है मुझ पर?'

'है। खुद से भी ज्यादा।'

'तो फिर तुम ऐसे सवाल क्यूं पूछ रहे हो मुझसे', उसने कहा।

'गलती हो गई, बस।'

'यार वो सिर्फ फ्रेन्ड है मेरा उससे ज्यादा कुछ भी नहीं है।'

'ओके।' मैंने धीरे से कहा। अच्छा ये बताओं तुम्हे सूरज और पूजा की जोड़ी कैसी लगती है।'

मैंने ये बात जानबूझकर आगे बढ़ाई ताकि उसका ध्यान उन बातों से हट जाए।

'वैसे तुमने सही कहा था', उसने कहा।

'क्या?'

'की सूरज पूजा से बहुत प्यार करता है', उसने कहा।

'हाँ बहुत प्यार करता है वो उससे।'

'रोहन, अरूण के मैसेज आ रहे है, मैं तुमसे बाद में बात करूँगी।'

मुझे उस बात पर बहुत गुस्सा आया था क्योंकि उस वक्त अरूण उसके लिए मुझसे ज्यादा इम्पोरटेन्ट हो चुका था।

'नहीं–नहीं बाद में मत करना', मैंने गुस्से को आवाज में बयां ना करते हुए कहा।

'क्यूँ ?'

'क्योंकि अब मैं नॉवल लिखूँगा।'

'ओके बाए', उसने कहा। और फोन काट दिया।

वो अरूण से बात करने के लिए इतनी ऊतावली हो रही थी की उसने फोन कट करते वक्त मुझसे आई लव यू तक नहीं कहा था।

उस रात मुझे बहुत बुरा लग रहा था।

क्योंकि मेरी आँखों के सामने ही नेहा, अरूण की तरफ किए जा रही थी।

मुझे सूरज की बातें सच होती हुई नजर आ रही थी, लेकिन मैं कुछ भी नहीं कर सकता था, अगर मैं नेहा से अरूण के बारे में कुछ कहता तो वो मुझसे नाराज हो जाती और फिर वो अरूण के और ज्यादा करीब आने लगती।

मुझे डर लगने लगा था कि कहीं अरूण, नेहा को मुझसे दूर ना ले जाए।

उस वक्त मैं बिना नॉवल लिखे हुए ही उन सब बातों को सोचते–सोचते सो गया।

सुबह को जब मैं कॉलेज पहुँचा। मुझे अरूण की कार कहीं दिखाई नहीं दी तभी नेहा, पूजा और सूरज मुझे मेरी तरफ आते हुए दिखाई दिए।

'रोहन आज अरूण का बर्थडे है', नेहा ने मेरे पास आकर कहा।

'तो फिर?' मैंने कहा।

'तो फिर क्या।' उसने हम सब को इलाहाबाद रेस्टोरेन्ट पर बिल्कुल अभी इन्वाइट किया है।'

'तो तुम तीनों चले जाओ ना', मैंने कहा।

'अरे अरूण ने मुझसे कहा था की रोहन को जरूर लेके आना', उसने कहा।

'नहीं यार मेरा मन नहीं है तुम तीनों ही चले जाओ', मैंने कहा।

'तुम्हे मेरी कसम है तुम्हे चलना ही पड़ेगा', उसने कहा।

मैं इसलिए मना कर रहा था क्योंकि मुझे पता था कि वो मुझे इसलिए बुला रहा था ताकि वो वहाँ पर मेरी आँखों के सामने नेहा के और ज्यादा करीब आकर मुझे चिड़ा सके।

मैंने एक नजर सूरज की तरफ घुमाई, उसके चेहरे से ये साफ-साफ जाहिर हो रहा था कि वो भी वहाँ पर जाने के लिए बिल्कुल खुश नहीं था, लेकिन नेहा ने मुझे कसम दे दी थी जिसके कारण मैं उसकी बात को टाल ना सका।

'ओके', मैंने कहा।

'चलें तो', नेहा ने जल्दी से कहा।

'चलो तो रोहन', सूरज ने ना चाहते हुए कहा।

'पूजा और नेहा, नेहा की स्कूटी पर थे और मैं और सूरज अपनी-अपनी बाईक पर। हम कुछ ही देर में इलाहाबाद रेस्टोरेन्ट पर पहुँच गए। पहुँचते ही मुझे रेस्टोरेन्ट के बाहर अरूण की कार दिखाई दी।

'देखो वो हमसे पहले आ चुका है', नेहा ने उसकी कार को देखकर स्कूटी रोकते हुए कहा।

'चलो–चलो जल्दी चलो', नेहा ने स्कूटी खड़ी करते हुए कहा।,

उस वक्त नेहा स्कूटी को जल्दी–जल्दी खड़ी कर रही थी उसे अरूण से मिलने की बहुत जल्दी हो रही थी।

हम चारों रेस्टोरेन्ट के अन्दर पहुँचे। मैंने देखा की रेस्टोरेन्ट में कोई भी कस्टमर नहीं था और अरूण सफेद शर्ट और ब्लैक पैन्ट पहने हुए पाँच कुर्सी वाली टेबल पर बैठा हमारा ही इंतजार कर रहा था।

'हाए नेहा', अरूण ने नेहा से कुर्सी से खड़े होते हुए कहा।

'उसने हम तीनों से भी हाए कहा।

'आओ बैठो', उसने टेबल की तरफ इशारा करते हुए कहा।

'हम सभी कुर्सियों पर बैठ गए, नेहा अरूण के करीब वाली कुर्सी पर बैठी थी और मैं नेहा के करीब वाली कुर्सी पर।

'अरूण आज ये रेस्टोरेन्ट खाली क्यों है आज यहाँ पर और लोग क्यों नहीं बैठे?' नेहा ने कहा।

'मैंने ये रेस्टोरेन्ट आज तुम सब के लिए बुक कर लिया है', अरूण ने हाथ ऊपर करके अंगड़ाई लेते हुए कहा।

'सच?' नेहा ने खुशी से आँखें बड़ी करते हुए कहा।

'हाँ। अरूण ने कहा।

'मुझे पहले ही पता था की वो मुझे चिढ़ाने के लिए कुछ ना कुछ तो जरूर प्लान करके रखेगा, वरना उसे क्या जरूरत थी सिर्फ हम चारों के लिए पूरा का पूरा रेस्टोरेन्ट बुक करने की।

'क्या लोगे बताओ', अरूण ने हम सभी से पूछा।

'बताओ रोहन, रोहन, सूरज? नेहा ने मुझसे और सूरज से पूछा।

'वो पूछ तो ऐसे रही थी कि वो खुद ही पार्टी दे रही हो, मुझे उस वक्त नेहा को देखकर बहुत गुस्सा आ रहा था, लेकिन मैं अपने गुस्से को कन्ट्रोल करे बैठा था।

'जो तुम्हें अच्छा लगे वो ऑर्डर कर दो', सूरज ने कहा।

'रोहन तुम बताओ क्या लोगें', अरूण ने पूछा।

'कुछ भी ऑर्डर कर दो, मैंने कहा।

'नेहा तुम बताओ क्या ऑर्डर करूँ', अरूण ने पूछा।

'हूँ..... फिलहाल तो कॉफी ऑर्डर कर दो, नेहा ने कहा।

'सिर्फ कॉफी', अरूण ने कहा।

'हूँ.....', नेहा ने कहा।

'वेटर ले आओ', अरूण ने तेजी से कहा।

मेरे कुछ समझ में नहीं आया की उसने वेटर से इशारे में क्या कहा था।

तभी कुछ सैकेण्ड के भीतर वेटर हमारी टेबल पर स्ट्रोबरी फ्लेवर का एक टू फ्लोर केक और एक नाईफ रखकर चला गया।

'वाओ। केक को देखते ही नेहा ने कहा।

'नेहा कैसा है केक', अरूण ने पूछा।

'बहुत अच्छा लग रहा है', नेहा ने कहा। 'रोहन तुम्हें कैसा लग रहा है केक।

'अभी मैंने चखा तो नहीं है, जब चख लूँगा तब बता दूँगा', मैंने कहा।

अरूण ने केक काट दिया। मैंने और सूरज ने ना चाहते हुए भी उसे बर्थडे विश किया।

उसने सबसे पहले केक का एक बाईट काटकर नेहा को खिलाया और नेहा ने वहीं अपना झूठा केक उसे भी खिला दिया, और फिर बारी-बारी से अरूण ने सबको केक खिला दिया।

मुझे वहाँ अरूण को देख-देखकर काफी गुस्सा आने लगा था। वो मुझे चिढ़ाने के लिए कुछ ज्यादा ही शो ऑफ कर रहा था। मेरा वहाँ पर बिल्कुल भी रूकने का मन नहीं कर रहा था इसलिए मैंने वहाँ से निकलने का एक प्लान बनाया।

'अरे अरे ये क्या हुआ मेरे सिर को मैंने सिर पकड़ते हुए कहा।

'क्या हुआ रोहन', सूरज और नेहा ने जल्दी से मेरे करीब आते हुए कहा।

'पता नहीं यार कैसे लेकिन मेरे सिर में बहुत तेज दर्द हो रहा है', मैने जल्दी से कहा।

'चलो तो चलो मैं तुम्हें घर लेके चलता हूँ', सूरज ने मेरे कंधें थामकर मुझे कुर्सी से खड़े करते हुए कहा।

'सूरज रूको मैं भी चलती हूँ तुम्हारे साथ', पूजा ने कुर्सी से खड़े होते हुए कहा।

'नहीं-नहीं तुम यही नेहा के साथ रहो, सूरज ने कहा। बाद में नेहा के साथ ही आ जाना।

पूजा सूरज की बात सुनकर धीरे से वापस कुर्सी पर बैठ गई।

मुझे एक चीज का बहुत अफसोस हुआ था की नेहा ने एक बार भी ये नहीं कहा था की रोहन मैं भी तुम्हारे साथ चलूँगी।

हम दोनों रेस्टोरेन्ट से बाहर आ गए।

'छोड़ दे मुझे कुछ नहीं हुआ', मैंने कहा।

'हूँ...', उसने हैरानी से कहा।

'हैरान होने की कोई जरूरत नहीं है वाकई मुझे कुछ भी नहीं हुआ है।'

'फिर तू अन्दर ये क्यों कह रहा था कि तेरे सिर में दर्द हो रहा है', उसने हैरानी जताते हुए कहा।

'अरे वो तो उस अरूण से छुटकारा पाने के लिए कहा था मैंने, मैंने कहा। काफी देर से मैं देख रहा था की वो नेहा के सामने कुछ ज्यादा ही शो ऑफ कर रहा था और मेरा उसे देख देखकर खून खौल रहा था इसलिए मैंने ये बहाना बना लिया।

'सही किया तूने', उसने कहा। तेरी वजह से मैं भी छूट आया वहाँ से।

'चलो तो अब?' मैंने कहा।

'चल तो चल जल्दी चल कभी यहाँ पर हमें नेहा और पूजा में से कोई देख ले', उसने जल्दी से कहा।

'सही कहा तूने', मैंने जल्दी से कहा।

'और हम दोनों वहाँ से जल्दी से अपनी-अपनी बाईक लेकर चल दिए।

'सूरज तूने सही कहा था नेहा, अरूण के कुछ ज्यादा ही करीब आने लगी है', मैंने बाईक पर चलते हुए ही कहा।

'हाँ यार ये तो साफ-साफ दिखाई दे रहा है की नेहा वाकई अरूण के कुछ ज्यादा ही करीब आने लगी है', उसने कहा।

'सूरज मैंने एक फैसला कर लिया है।'

'क्या?' उसने तुरन्त पूछा।

'अब मैं अपने रास्ते। और नेहा अपने रास्ते।'

'मतलब?' उसने हैरानी से पूछा।

'मतलब की अब मैं नेहा से अपने सम्बध पीछे हटा लूँगा और सिर्फ फ्रेन्डशिप तक ही सीमित रहूँगा।'

'पागल तो नहीं हो गया है तू', उसने जल्दी से कहा। 'तू ऐसी बातें क्यों कर रहा है।'

'यार अब मुझसे नेहा और अरूण की नजदीकियाँ नहीं देखी जाती।'

'तो फिर तू नेहा से कह क्यों नहीं देता की तुझे उसका अरूण के करीब जाना अच्छा नहीं लगता', उसने कहा।

'नहीं यार नहीं कह सकता ना।'

'पर क्यों?'

'अगर मैंने उससे कह दिया ना की मुझे उसका अरूण के करीब जाना अच्छा नहीं लगता, तो वो मुझसे नाराज हो जाएगी और फिर अरूण मौके का फायदा उठाकर उसके और ज्यादा करीब आने लगेगा।

'हाँ ये तो सही कहा तूने', उसने कहा। तो फिर अब क्या करेगा तू।

'अब क्या, अब तो मैं उससे कुछ भी नहीं कह सकता, अगर वो वाकई मुझसे प्यार करती होगी ना तो वो अपने आप ही अरूण से नाता तोड़कर वापस मेरे करीब आ जाएगी।'

'मतलब अब तुझे सिर्फ इंतजार करना पड़ेगा।' उसने कहा।

'हूँ.....', मैंने कहा।

और ऐसे ही कुछ ही देर बाद हम दोनों के रास्ते बंट गए, वो अपने घर की तरफ चला गया और मैं अपने घर की तरफ। कुछ ही देर में मैं अपने घर पहुँच गया।

घर के अन्दर पहुँचते ही मैंने देखा की पापा बाहर हॉल में सोफे पर लेटे हुए अखबार पढ़ रहे थे। वो उस दिन ऑफिस नहीं गए थे क्योंकि उस दिन उनके सिर में दर्द था।

'पापा अब कैसी तबियत है अपकी', मैंने उनके पास जाकर कहा।

'अरे आ गए तुम', पापा ने अखबार फोल्ड करके बैठते हुए पूछा।

'आपने दवाई ले ली थी या नहीं?'

'दवाई तो ले ली और अब तबियत में भी काफी सुधार आया है', उन्होंने कहा। 'आओ बैठो।'

मैं उनके बराबर में सोफे पर बैठ गया।

'आज तुम इतनी जल्दी कैसे आ गए कॉलेज से, उन्होंने कहा।

'आज एक फ्रेन्ड का बर्थडे था, उसने पार्टी दी थी इसलिए मैं वहाँ पार्टी में चला गया।

उन्होंने सिर हिला दिया।

'पापा सिर दबाऊ आपका।'

'नहीं रहने दो?' उन्होंने कहा।

'आईए लेट जाईए आप, मैं दबा देता हूँ।'

'नहीं-नहीं अब तो ठीक हूँ मैं रहने दो', उन्होंने कहा। 'अब क्या-क्या चल रहा है तुम्हारे कॉलेज में।

जैसे ही उन्होंने मुझसे कॉलेज के बारे में पूछा तभी झट से मेरे दिमाग मे अरूण की इमेज बन गई।

'सब कुछ ठीक चल रहा है', मैंने कहा।

'अरे हाँ मुझे याद आया वो जो तुम्हारा दोस्त है सूरज, उसके पापा की डैथ हो चुकी है? उन्होंने पूछा।

'हाँ।

'बल्ड कैंसर था उन्हे? उन्होंने कहा।

'हाँ।

'ठीक है जाओ तुम खाना खा लो', उन्होंने कहा।

मैं वहाँ से उठकर चला गया, और खाना खाने के बाद जब मैं अपने रूम में आराम कर रहा था तो तब बार-बार मेरे दिमाग में अरूण की कार की इमेज बने जा रही थी।

'मैं सोच रहा था की क्यों ना मैं भी पापा से रिक्वेस्ट करके एक कार खरीदवालू। फिर तभी तुरन्त मैंने सोचा की नहीं-नहीं ये क्या सोच रहा हूँ मैं, मुझे ऐसा नहीं सोचना चाहिए, भला मैं उसे देखकर कार कैसे खरीद सकता हूँ वो तो एक अमीर घर से है उसके लिए तो कार सिर्फ एक आम बात है। हालांकि मैं कार खरीद सकता था लेकिन वो हमारे लिए आम बात नहीं थी।

नहीं, मुझे अपने दिमाग मे ऐसे नेगेटिव ख्याल नहीं आने देना चाहिए, मैंने अपने आप से कहा।

लेकिन इतना सोचने के बावजूद भी मैं अपने मन से वो ख्याल नहीं निकाल पा रहा था।

शाम को जब मैं, मम्मी और पापा बड़ी टेबल पर बैठकर खाना खा रहे थे तो मै बार-बार पापा से कार के लिए कहने की हिम्मत जुटा रहा था।

'क्या हुआ कुछ बात है क्या', पापा ने मुझसे पूछा।

'नहीं तो', मैंने जल्दी से सिर हिलाते हुए कहा।

'अगर बेटा कुछ बात है तो बता दो', मम्मी ने कहा।

'नहीं मम्मी कुछ भी बात नहीं है।'

'नहीं मैं देख रहा हूँ की तुम काफी देर से कुछ कहने की कोशिश कर रहे हो', पापा ने कहा।

तभी मैं सोचने लगा की पूछूँ या नहीं पूछूँ?

'अरे बताओ बेटा क्या बात है', उन्होंने फिर से पूछा।

मैंने जल्दी से फैसला किया की नहीं मुझे नहीं कहना चाहिए।

'नहीं पापा कोई बात नहीं है', मैंने जल्दी से कहा।

'नहीं मुझे तो ऐसा ही लग रहा था जैसे की तुम मुझसे कुछ कहने की कोशिश कर रहे हो।' उन्होंने कहा।

'सच में पापा कोई बात नहीं है। आपको गलतफहमी हो गई होगी।

'हूँ..., शायद', उन्होंने सिर हिलाते हुए कहा।

उनके मुँह से ये शायद शब्द सुनकर मैंने राहत की साँस ली। चलो मैं बच तो गया वरना खामाखा मैं मम्मी और पापा पर इस बड़ी जिद का बोझ डाल देता।

खाना खाने के बाद रात के साढ़े दस बज चुके थे मैं तब भी अपने रूम में नॉवल लिखे जा रहा था। नॉवल लिखते समय मुझे प्यास लगने लगी थी इसलिए मैं वहाँ से उठकर रसोई में गया और फ्रिज से पानी की बोतल लेकर वापस अपने रूम की तरफ चल दिया, मेरा उस वक्त नेहा से बातें करने का मन कर रहा था इसलिए मैंने तुरन्त अपने रूम मे आकर नेहा के पास कॉल कर दी, उसकी कॉल बिजी जा रही थी, मैंने लगातार कई बार कोशिश की लेकिन उसकी कॉल तब भी बिजी ही जा रही थी।

मैंने सोचा की कहीं वो अरूण से बातें तो नहीं कर रही, काफी देर तक मैं नेहा की कॉल के बारे में ही सोचता रहा और बार-बार कॉल ट्राई करता रहा। लेकिन उसकी कॉल तब भी बिजी ही जा रही थी।

मैं उस वक्त कुछ ज्यादा ही सोच मे डूब चुका था क्योंकि इतनी देर बाद भी उसकी कॉल ट्राई करने के बाद भी उसकी कॉल बिजी ही जा रही थी। मैं बार-बार यहीं सोचे जा रहा था की कहीं अरूण नेहा को मुझसे दूर ना कर दे।

मैंने कुछ देर बाद दोबारा उसकी कॉल ट्राई की लेकिन तब भी उसकी कॉल बिजी ही जा रही थी, मैं समझ गया था कि वो अरूण से ही बातें कर रही थी।

'नेहा ये तुम क्या कर रही हो', मैंने अपने आप से ही धीमी आवाज में कहा।

उस वक्त मैं कुछ ज्यादा ही इमोशनल हो गया था, मैं तकिये को नेहा समझकर उससे ही बातें किए जा रहा था। कुछ देर बाद मेरी पलकें भारी होने लगी और मैं सो गया।

अगले दिन भी वहीं सब हुआ जो रोजाना मेरी आँखों के सामने हुए जा रहा था। उस दिन भी अरूण नेहा से मिलने के लिए कॉलेज में आया था और रोजाना की तरह मुझसे बिना बात किए हुए वहाँ से चला गया और ऐसा चलते-चलते आठ दिन और बीत गए।

और फिर आठ दिन गुजर जाने के बाद नौवें दिन मैं कॉलेज पहुँचा।

मैं बाईक खड़ी कर ही रहा था तभी मैंने देखा की नेहा और पूजा वहीं मुझसे कोई दस कदम की दूरी पर खड़ी हुई आपस में बातें कर रही थी, नेहा ने मुझे देख लिया था लेकिन वो मुझे देखने के बावजूद भी अनदेखा कर रही थी, मैं देख रहा था कि वो कई दिनों से मुझसे दूरी बनाने लगी थी।

'सूरज आ गया?' मैंने उनके पास जाकर पूछा।

'हाँ अभी-अभी आया था क्लास रूम की तरफ गया है', पूजा ने कहा।

मैंने सूरज के बारे में इसलिए पूछा था क्योंकि जब मैं अपनी बाईक खड़ी कर रहा था तो तब मुझे सूरज की बाईक कहीं दिखाई नहीं दी थी।

आज वो बाईक लेकर नहीं आया? मैंने पूछा।

इतनी देर हो चुकी थी लेकिन नेहा ने तब तक भी मुझसे एक शब्द तक नहीं कहा था, आखिकार उससे बात किए बिना मुझसे ही नहीं रहा गया और मैं बोल पड़ा।

'आज नहीं आया अरूण?' मैंने नेहा से पूछा।

'हाँ, आज उसे बुखार है इसलिए नहीं आया वो', नेहा ने कहा।

तो फिर तुम ही क्यों आई हो तुम भी मत आती, मेरा ये सब कहने को मन कर रहा था लेकिन मैं उससे झगड़ा नहीं करना चाहता था इसलिए मैंने ये बात सिर्फ अपने मन में ही कह डाली।

'कब से है उसे बुखार', मैंने कहा।

'कल शाम से', उसने कहा।

उस वक्त मुझे उससे बातें करने में कुछ खास मजा नहीं आ रहा था क्योंकि उन बातों में ना तो मेरा ही जिक्र था और ना ही उसका, उनमें सिर्फ उस अरूण का जिक्र था जिससे मुझे अब बहुत ज्यादा नफरत होने लगी थी।

'तुम उसे उसके घर देखने गई थी?' मैंने पूछा।

'नहीं।' उसने कहा। 'कॉलेज की छुट्टी के बाद जाऊँगी।'

'तुम्हें पता है उसका घर कहाँ पर है?'

'हाँ मैं अभी तीन चार दिन पहले उसके साथ उसके घर गई थी।'

उसकी ये बात सुनकर तुरन्त मेरे मन में एक ख्याल उठा। कहीं उसने उस दिन इसे अपने घर बुलाकर कुछ कर तो नहीं दिया।

'मैं भी तुम्हारे साथ चलूँगा', मैंने जल्दी से कहा।

'ओके', उसने कहा।

मैं उसके साथ अरूण के घर जरूर जाना चाहता था क्योंकि मैं ये देखना चहाता था की नेहा कहीं अरूण की दौलत से तो प्यार नहीं करने लगी है, मुझे ये तो नहीं पता था की अरूण कितने रईस घर से है, हाँ लेकिन उसके ब्राडिड कपड़े ही उसकी औकात बता देते थे।

'उसका ओके सुनने के बाद मैं क्लास रूम की तरफ चला गया तभी मुझे क्लास रूम के बाहर सूरज मेरी ही तरफ आता हुआ दिखाई दिया।

'अरे कब आया था तू', सूरज ने मेरे पास आकर कहा।

'बिल्कुल अभी आया हूँ। तू बाईक लेकर क्यूं नहीं आया आज।'

'मैं लेके आ रहा था बाईक', उसने कहा। मैं बाईक को लेकर घर से निकला ही था तभी उसका अगला टायर पैन्चर हो गया और जब तक मैं उसे ठीक करवाता तब तक मैं लेट हो जाता इसलिए मैं ऑटों से ही आ गया।'

'यार छुट्टी पर मैं तुझे तेरे घर तो छोड़ देता लेकिन अब तुझे ऑटों या बस से ही जाना पड़ेगा।'

'मतलब?' उसने हैरानी से कहा।

'मतलब की आज छुट्टी के बाद मैं और नेहा, अरूण के घर जाएँगे।'

'क्यूं? उसने जल्दी से पूछा।

'अरूण को बुखार हैं', उसे देखने के लिए।'

'तो फिर तू क्यों जा रहा है नेहा को जाने दे ना, उसने कहा।

'यार तू मेरी बात नहीं समझ रहा है', मैंने कहा। 'मैं ये देखना चाहता हूँ कि वो नेहा को पैसे के दम पर अपनी तरफ अटरैक्ट तो नहीं कर रहा है।'

'हाँ फिर तो जरूर जाना चाहिए तुझे वहाँ पर', उसने मेरे कंधों पर हाथ रखते हुए कहा।'

'तेरा और पूजा का रिलेशन कैसा चल रहा है।'

'अच्छा चल रहा है', उसने कहा। 'लेकिन तेरा और नेहा का रिलेशन अब कुछ ज्यादा ही डगमगा गया है, है ना?'

'हूँ।'

'अब तो नेहा अरूण के कुछ ज्यादा ही साथ रहने लगी है, और तुझ से दूर होने लगी है', उसने कहा।

मैं चुप रहा और उसकी बातें सुनता रहा।

'भाई सच में मुझे तो लगने लगा है कि अब वो नेहा को तुझसे दूर ले जाकर ही दम लेगा और जिस तरफ नेहा पूरे दिन भर उसके साथ रहती है उससे तो साफ-साफ जाहिर होता है की शायद नेहा भी उसके लिए उस तरह का फील करने लगी है।'

मैं तब भी चुप ही रहा।

'अब देख ले भाई तुझे क्या करना है', उसने कहा।

मैं तब भी चुप ही रहा।

'आजा चल क्लास रूम में चल', उसने कहा।

हम दोनों क्लास रूम में चले गए।

कैमिस्टरी लैक्चरार अटेन्डेन्स लेने के बाद हम सब को लेकचर दे रहे थे, नेहा उस वक्त क्लास रूम में दरवाजे की तरफ से फर्स्ट रॉ में फिक्स बैन्च पर पूजा के साथ बैठी हुई थी। मैं और सूरज बीच की रॉ में सबसे लास्ट बैन्च पर। मैं बार-बार उसकी तरफ देखे जा रहा था लेकिन वो मेरी तरफ नहीं देख रही थी और अब कुछ दिनों से धीरे-धीरे वो मुझसे दूरी बनाने लगी थी।

मैंने उस दिन जोश में सूरज से ये तो कह दिया था कि अब मैं नेहा से अपना सम्बन्ध पीछे हटा लूँगा और सिर्फ फ्रेन्डशिप तक ही सीमित रहूँगा। लेकिन मुझसे ऐसा नहीं किया जा रहा था और मैं उससे क्या वो सम्बन्ध पीछे करता बल्कि उसने ही मुझसे वो सारे सम्बन्ध पीछे हटा लिए थे।

उस वक्त मुझे सिर्फ एक चीज का इंतजार था कि कब मैं और नेहा एक साथ अरूण के घर जाएँ।

कॉलेज की छुट्टी हुई सभी क्लास से बाहर निकलने लगे मैं जल्दी से क्लास से बाहर निकलकर नेहा को ढूँढने लगा, मैंने देखा की नेहा अपनी स्कूटी की तरफ जा रही थी, मैं जल्दी से दौड़कर उसके पास पहुँचा।

'चले नेहा', मैंने उसके पास पहुँचकर कहा।

'हाँ, चलो', उसने कहा।

वो अपनी स्कूटी पर थी और मैं अपनी बाईक पर। मैं उसकी स्कूटी के पीछे-पीछे अपनी बाईक को चलाता रहा और ऐसे ही हम कुछ ही देर में अरूण के घर के सामने पहुँच गए।

'लो आ गया उसका घर', उसने स्कूटी घर के गेट पर रोकते हुए कहा।

मैं बाईक को रोकते ही गौर से घर की तरफ देखने लगा घर काफी बड़ा था और मैन गेट पर एक सिक्योरिटी वाला भी खड़ा था।

'आ जाओ', उसने स्कूटी से उतरकर कहा।

'मैं उसके साथ चल दिया।

'गुड आफटर नून मैम', गेटमैन ने नेहा को सैलयूट मारते हुए कहा।

मैं एकदम से दंग रह गया मुझे विश्वास नहीं हो रहा था की नेहा को उस गेटमैन ने सैलयूट मारा था, उस गेटमैन ने नेहा को इस तरह सैलयूट मारा था की मानो नेहा उस घर की मालकिन हो और जैसे की वो नेहा को अच्छी तरह जानता हो।

उस गेटमैन ने इस तरह सैलयूट मारने से ये तो साबित हो गया था की नेहा का वहाँ रोज आना जाना लगा रहता होगा।

घर के मेन गेट काफी मंहगें और बड़े थे। हम वहाँ से थोड़ी ओर अन्दर की तरफ चल दिए, वहीं साईड में ही बड़ा सा गार्डन और स्वीमिंग पूल बना हुआ था।

मैं तो घर के बाहर से ही घर को देखकर समझ गया था कि अरूण किसी छोटे-मोटे घर से नहीं है, बल्कि वो काफी पैसे वाला है।

हम घर में बिल्कुल अन्दर पहुँच गए, घर में अन्दर पहुँचते ही मेरी आँखें पलक नहीं झपका रही थी क्योंकि वे गौर से सारे घर को देखे जा रही थी। घर जितना बाहर से खूबसूरत था उससे दो गुणा अन्दर से था। घर के अन्दर सफेद रंग का किसी बैस्ट क्वालिटी का पत्थर बिछा हुआ था, सीढ़ियों पर भी किसी बेस्ट क्वालिटी की भूरे रंग की चादर बिछी हुई थी।

'महेश', नेहा ने तेज आवाज में किसी को पुकारा।

तभी कोई अठ्ठारह उन्नीस साल का एक दुबला पतला सा लड़का दौड़ते हुए हमारे पास आ गया।

'जी मैडम', उस लड़के ने सिर झुकाकर नेहा से कहा।

'अरूण कहाँ पर है', नेहा ने पूछा।

'साहब ऊपर अपने बैडरूम में है', उस लड़के ने तब भी सिर झुका ही रक्खा था।

मुझे कुछ समझ में नहीं आ रहा था कि वो सब हो क्या रहा था। नेहा ऐसे मालकिन की तरह बर्ताव क्यों कर रही थी।

'ओके जाओ', नेहा ने उस लड़के से कहा।

'वह लड़का वहाँ से चला गया।

'रोहन कैसा लगा तुम्हे घर', उसने कहा।

'बहुत अच्छा है।'

'चले अरूण के पास?' उसने कहा।

'हाँ चलो।'

हम सीढ़ियों से गुजरते हुए अरूण के बैडरूम में पहुँचे, जैसे ही मेरी नजर अन्दर रूम में गई मैंने देखा की अरूण अपने बिस्तर पर लेटे हुए फोन चलाने में लगा हुआ था, उसके सारे बैडरूम का कलर सफेद था।

'अरे तुम दोनों', अरूण ने हमे देखकर बिस्तर से खड़े होते हुए कहा।

मुझे तो वो किसी भी एंगल से बीमार नजर नहीं आ रहा था।

'आओ बैठो', अरूण ने सफेद रंग के सोफे की तरफ इशारा करते हुए कहा।

हम तीनों सोफे पर बैठ गए।

'अब कैसी तबीयत है तुम्हारी', नेहा ने उससे पूछा।

तभी वहीं लड़का जिसे नेहा ने नीचे महेश कहकर बुलाया था, वहीं लड़का हमारे लिए एक एक ट्रे मे तीन गिलास कोल्डड्रिंक लेकर आ गया।

मैंने और नेहा ने कोल्डड्रिंक उठा ली।

'अरूण तुम भी ले लो', मैंने कहा।

'नहीं मेरा मन नहीं है', उसने कहा। 'महेश तुम जाओ।'

वह लड़का वहाँ से चला गया।

काफी देर से घर को देख-देखकर मेरे मन मे एक सवाल उठ रहा था और आखिरकार उसे मैं पूछ बैठा।

मैंने कोल्डड्रिंक में एक घूंट मारी और कहा। 'अरूण तुम्हारे पापा क्या करते है।'

'पापा बिजनेस मैंन है', उसने कहा।

मैंने सिर हिला दिया और सोचने लगा। हूँ.... बिजनेस मैन है तभी तो घर ऐसा है। मुझे तो शक था की शायद उसके पापा ने दो नम्बर का पैसा कमाया था।

'जब तुम्हारे पास इतना पैसा है तो तुम नेहा के साथ पहले उस स्कूल में कैसे पढ़ते थे', मैंने पूछा।

'तब हमारे पास इतना पैसा नहीं था', उसने कहा। 'उसके बाद फिर पापा ने बहुत ज्यादा मेहनत की और उसका अंजाम तुम्हारे सामने ही है।'

उसकी ये बात सुनकर तो मुझे पक्का विश्वास हो गया था कि उसके बाप ने दो नम्बर का पैसा ही कमाया था।

'अब कहाँ पर है तुम्हारे पापा', मैंने कहा और कोल्डड्रिक मे एक और घूंट मारी।

'न्यूयार्क गए है किसी बिजनेस डील के लिए', उसने कहा।

मैंने एक ही घूंट मे सारी कोल्डड्रिक पी ली और खाली ग्लास नीचे सोफे के पास रखते हुए कहा, आन्टी जी कहाँ पर है।'

'वो शॉपिंग करने के लिए गई है। आती ही होंगी', उसने कहा।

नेहा ने भी कोल्डड्रिक खत्म कर ली और खाली कप सोफे के पास रख दिया।

'अरूण कल जाओगें तुम कॉलेज?' नेहा ने कहा।

'शायद', अरूण ने कहा।

'शायद? पक्का बताओ मुझे', नेहा ने कहा।

'ओके पक्का, उसने खड़े होते हुए कहा, 'मैं एक मिनट में अभी आया।'

और इतना कहकर वो वहाँ से चला गया।

'नेहा एक बात पूछूँ तुमसे', मैंने कहा।

'हाँ पूछो', उसने कहा।

'तुम वाकई मुझसे प्यार करती हो?' मैंने उसका हाथ थामकर धीमी आवाज मे कहा।

'मतलब की अब भी तुम्हें मुझ पर और अरूण पर शक है', उसने अपना हाथ छुड़ाते हुए कहा।

मैं चुप हो गया और गौर से उसकी तरफ देखता रहा।

'मेरे और उसके बीच में ऐसा कुछ भी नहीं है जैसा तुम सोच रहे हो', उसने कहा, 'ये सिर्फ तुम्हारा वहम है।'

'तुम बातें तो उससे ऐसे करती हो मानो की तुम दोनों का रिलेशन फ्रेन्डशिप से कुछ ज्यादा ही आगे बढ़ गया हो।'

'तुम साफ–साफ कहो ना, तुम कहना क्या चाहते हो', उसने थोड़ा गुस्से में कहा।

'मैं उससे झगड़ा नहीं करना चाहता था इसलिए मैंने उसका हाथ पकड़कर कहा। 'सॉरी यार गुस्सा तो मत करो।'

'क्यों ना करूँ गुस्सा, तुम बातें ही गुस्सा दिलाने वाली कर रहे हो', उसने गुस्से में कहा।

मैं बात शान्त करने के लिए उसकी तरफ हल्का सा झुका और उसे किस करने की कोशिश की, लेकिन उसने तुरन्त मेरे होठों को अपने हाथ से दबा लिया।

'उसने सिर हिला दिया और कहा। 'दूर रहो।'

'क्या इतना हक भी नहीं है मेरा', मैंने धीरे से उसकी आँखों में आँखें डालकर कहा।

'था, अब नहीं है', उसने कहा।

उसकी ये बात सुनकर मैंने उसकी तरफ देखते हुए, इमोशनल तरीके से एक छोटी सी स्माईल दी, तभी अरूण वापस आ गया।

'माफी चाहता हूँ वेट कराने के लिए', अरूण ने सोफे पर बैठते हुए कहा।

'कहाँ गए थे तुम', नेहा ने उससे तुरन्त पूछा।

'कुछ नहीं बस एक छोटा सा काम था उसे निपटाने गया था', उसने कहा।

'तुम्हारे और बहन भाई है कोई?' मैंने अरूण से पूछा।

'हाँ है एक छोटा भाई है मेरा, टैन्थ क्लास में पढ़ता है', उसने कहा।

'कहाँ पर?' मैंने पूछा।

'मुम्बई में', उसने कहा।

मैं मुम्बई का नाम सुनकर कुछ बोल नहीं पाया, मैंने सिर्फ सिर हिला दिया।

मेरा जो नेहा पर शक था वो मुझे सच सा नजर आने लगा था। मुझे नेहा को देख–देखकर ये लगने लगा था की शायद नेहा उसके पैसे की वजह से ही उसके इतने नजदीक आने लगी थी।

'अरे नेहा बेटा तुम।' एक अधेड़ उम्र की मोटी औरत ने हमारे रूम के दरवाजे पर खड़े होकर कहा।

'रोहन ये मेरी मम्मी है', अरूण ने कहा।

उस वक्त अरूण की मम्मी ने एक लाल रंग की साड़ी पहन रक्खी थी, दिखने में साड़ी काफी मंहगी नजर आ रही थी उनके गले मे तीन सोने की चैन और एक हार था।

'नमस्ते आन्टी', मैंने सोफे से खड़े होकर कहा।

'नमस्ते बेटा', उन्होंने कहा। 'मैंने तुमे पहचाना नहीं।'

'मम्मी ये नेहा के साथ कॉलेज में पढ़ता है', अरूण ने सोफे से खड़े होने बाद कहा।

अरूण ये भी तो कह सकता था कि मम्मी ये मेरा दोस्त है नेहा के साथ कॉलेज में पढ़ता है, लेकिन उसने ऐसा नहीं कहा।

'आईए आन्टी बैठ जाईए', नेहा ने सोफे की तरफ इशारा करते हुए कहा।

हम सब सोफे पर बैठ गए।

'कब आई थी तुम', आन्टी ने पूछा।

'मुझे तो काफी देर हो गई है', नेहा ने कहा।

'बेटा क्या नाम है तुम्हारा', आन्टी ने मुझसे पूछा।

'रोहन।'

'बेटा कॉलेज के बाद क्या करने का सोच रक्खा है तुमने', उन्होंने कहा।

'मैं एक राईटर बनना चाहता हूँ।'

'राईटर', उन्होंने आवाज को तेज करते हुए कहा।

'उन्होंने राईटर शब्द इस तरह कहा था कि जैसे की वो मुझे मेरी औकात याद दिला रही हो, मुझे उस वक्त बहुत गुस्सा आया था लेकिन मैं कर भी क्या सकता था।

'जी आन्टी राईटर, आपने सही सुना', मैंने कहा।

'तुम्हे लगता है की तुम राईटर बन जाओगें', उन्होंने कहा।

'लगता तो नहीं है लेकिन कोशिश इतनी करूँगा की शायद बन भी जाऊँ', मैंने कहा।

'शायद?' उन्होंने कहा। 'मतलब की तुम्हें खुद पर विश्वास नहीं है।'

'मुझे खुद पर विश्वास तो है लेकिन मैंने शायद वर्ड का यूज इसलिए किया है क्योंकि मुझे खुद पर सिर्फ कॉन्फिडेंस है। ओवर कॉन्फिडेंस नहीं, मैंने बिल्कुल गंभीरता जताते हुए कहा।

'ये बात सुनकर उनकी बोलती बन्द हो गई।

'मैं चुप रहा।

'तुम्हारे पापा क्या करते है', उन्होंने कहा।

'वो एक कम्पनी में क्लर्क की पोस्ट पर है', मैंने कहा।

'आन्टी जी मैं काफी देर से आपको मिस कर रही थी', नेहा ने कहा।

'सच में?' उन्होंने एक छोटी सी स्माईल देते हुए कहा।

'हाँ सच में', नेहा ने कहा। 'क्या-क्या शोपिंग करके आई है आप।'

'तुम देखना चाहोगी', उन्होंने कहा।

'हाँ जरूर', नेहा ने कहा।

'तो चलो मेरे रूम में', आन्टी जी ने सोफे से खड़े होते हुए कहा।

'चलिए', नेहा ने भी सोफे से खड़े होते हुए कहा।

और वो दोनों वहाँ से चली गई।

'अरूण तुमने क्या सोच रक्खा है कॉलेज के बाद क्या करना है।'

वो मेरी इस बात को सुनकर हँसने लगा।

'अरे तुम हँस क्यों रहे हो', मैंने हैरानी से कहा।

लेकिन वो तब भी हँसे ही जा रहा था।

'अब बता भी दो क्यों हँस रहे हो', मैंने दोबारा से पूछा।

'मुझे कॉलेज के बाद कुछ करने की जरूरत ही नहीं है', उसने हँसी रोकते हुए कहा।

'मतलब?' फिर क्या करोंगे तुम।

'ऐश करूँगा', उसने सोफे पर हाथ फैलाते हुए कहा।

मैं चुप रहा। क्योंकि मैं समझ गया था कि वो क्या कहना चाहता था।

'ये इतना पैसा पापा ने मेरे लिए ही तो कमाया है इसी से ऐश करूँगा', उसने कहा।

'हाँ सही कहा तुमने आखिरकार इतना पैसा है तुम्हारे पास वो फिर किस काम का', मैंने उसकी, उस गलत सोच को जानबूझकर और ज़्यादा बढ़ावा देते हुए कहा।

'नेहा एक अच्छी लड़की है, है ना?' उसने कहा।

'मैं कुछ समझा नहीं?' मैंने हैरानी जताते हुए कहा।

'मतलब की वो शक्ल सूरत से तो है ही अच्छी, बल्कि वो दिल से भी अच्छी है', उसने कहा।

'हाँ तुमने सही कहा।'

मैं समझ गया था कि वो मुझे चिढ़ाने के लिए जानबूझकर ऐसी बात कर रहा था। वो चाहता था कि मैं उसकी बातों से और ज्यादा चिढ़ूँ।

'वाकई नेहा कमाल की लड़की है', उसने कहा।

'कमाल की है तभी तो मैंने उसे जल्दी से अपना बना लिया', मैंने अपनी बात को उसकी बात से ऊँची रखते हुए कहा।

'हूँ... सही कहा तुमने', उसने हल्का सा चिड़चिड़ा मुँह बनाते हुए कहा।

उसके चिड़चिड़े मुँह से ये साफ जाहिर हो गया था कि मेरा छोड़ा गया तीर सही निशाने पर लगा था। उसके चिड़चिड़े मुँह को देखकर मुझे अन्दर ही अन्दर एक हल्की सी खुशी महसूस हुई।

'तुम्हारी कोई गर्लफ्रेन्ड है', मैंने कहा।

'नहीं। अभी तक तो नहीं।'

'कोई पसंद है', मैंने जानबूझकर पूछा।

'हाँ है', उसने कहा।

'कौन है वो', मैंने तुरन्त पूछा।

वो चुप हो गया।

उस वक्त मेरा दिल जोरो से धड़क रहा था, मुझे डर था की कहीं वो नेहा का नाम ना ले दे।

'नहीं नाम नहीं बता सकता', उसने मुस्कुराते हुए कहा।

'क्यूँ नाम बताने में क्या है', मैंने कहा।

वो चुप रहा उसने कोई जवाब नहीं दिया।

उसकी खामोशी ने सब कुछ बयां कर दिया था। मैं समझ गया था कि उसकी पसंद नेहा ही थी।

'ओके जैसी तेरी मर्जी', मैने कहा। 'अगर तू नहीं बताना चाहता तो मत बता।'

'हम तीन चार सैकेण्ड खामोश रहे, उसके बाद उसने कहा। 'अच्छा मुझे ये बता तूने नेहा को सैट कैसे किया था।'

मुझे एक और मौका मिला था उसे और ज्यादा चिढ़ाने का, भला मैं उसे कैसे गंवा देता। मैं उसे और ज्यादा बढ़ा चढ़ाकर बताने लगा।

'मुझे कई दिन हो गए थे कॉलेज जाते हुए', मैंने कहा। और एक दिन सुबह-सुबह मैं क्लास रूम में बैठकर पढ़ रहा था तभी नेहा एकदम से क्लास रूम मे अन्दर आई, मैं नेहा को पहली बार में ही देखता रह गया, वो मुझे पहली ही नजर मे पसंद आ गई थी लेकिन फिर एकदम से मुझे पापा की बात याद आ गई।

'क्या?' उसने जल्दी से मेरी बात बीच में काटते हुए कहा।

'की मैं कॉलेज मे सिर्फ अपनी पढ़ाई पर ध्यान दूँ और इधर-उधर की चीजों पर ध्यान ना दूँ।'

'फिर तुमने नेहा से अपने दिल की बात कैसे कही थी', उसने कहा।

फिर उसके बाद मैं नेहा को जानबूझकर इग्नोर करने लगा। काफी दिनों तक मैं उसे इग्नोर करता रहा और वो रोजाना मुझे देखती रहती थी। एक दिन वो हिम्मत करके मेरे पास आई और बोली, रोहन मैं तुमसे फ्रेन्डशिप करना चाहती हूँ, मैंने तुरन्त इंकार कर दिया। उसके बावजूद भी वो अगले दिन दोबारा से मेरे पास आई और बोली, रोहन आई लव यू और इतना कहते ही वो मेरे होठों को चूमने लगी, मुझसे रहा नहीं गया इसलिए मैंने भी आई लव यू टू बोल डाला।

मेरी ये बात सुनकर वो चुप हो गया और सोच में डूब गया। उस वक्त उसके चेहरे को देखकर ऐसा लग रहा था कि जैसे की उसे खुद पर गुस्सा आ रहा हो, बात चाहे जो भी थी लेकिन उस वक्त उसका चेहरा देखने लायक था।

तभी नेहा और आन्टी वापस आ गई।

'चले रोहन', नेहा ने रूम के अन्दर आते ही कहा।

'हाँ चलो', मैंने सोफे से खड़े होते हुए कहा।

अरूण भी सोफे से खड़ा हो गया।

'ठीक है अरूण चलता हूँ', मैंने उससे हाथ मिलाते हुए कहा।

'ओके।' उसने कहा।

और हम दोनों घर से बाहर आ गए।

'रोहन अच्छा घर है ना अरूण का?' उसने कहा।

उसने फिर से अरूण की तारीफ स्टार्ट कर दी थी।

'हाँ बहुत अच्छा है', मैंने कहा।

'काश ये सब मेरा होता', उसने घर की तरफ देखते हुए कहा।

'तो शादी कर लो अरूण से फिर ये तुम्हारा ही हो जाएगा', मैंने गुस्से को कन्ट्रोल करके कहा।

'ये बताओ आखिरकार तुम चाहते क्या हो', उसने थोड़ी तेज आवाज में कहा।

गेटमैन हमारी तरफ देखने लगा।

'अपने काम पे ध्यान दे, मैने गेटमैन से गुस्से भरी तेज आवाज में कहा।

गेटमैन ने तुरन्त सिर झुका लिया।

'मुझे सिर्फ ये बता दो की तुम चाहते क्या हो', नेहा ने फिर से तेज आवाज में कहा।

पहली बात तो ये थी की मैं उससे झगड़ा नहीं करना चाहता था। और दूसरी ये की मैं अरूण के घर के बाहर मेरे और नेहा के बीच शोर शराबा बिल्कुल भी नहीं होने देना चाहता था।

'नेहा घर चले', मैंने बाईक पर बैठकर बाईक स्टार्ट करते हुए कहा।

'नहीं पहले मुझे मेरी बात का जवाब दो', उसने मेरे करीब आकर कहा।

'तुम ये बताओ की तुम चल रही हो या नहीं।'

'नहीं पहले मुझे मेरी बात का जवाब दो', उसने फिर से कहा।

'ओके बाए', मैंने गुस्से मे कहा और वहाँ से बाईक लेकर आ गया।

देर रात तक मैंने अपनी नॉवल लिखी और फिर जब मैं अगले दिन कॉलेज पहुँचा मुझे अरूण की कार कहीं दिखाई नहीं दी, मैं बाईक खड़ी करके क्लास रूम की तरफ जा ही रहा था, तभी मुझे नेहा और पूजा क्लास रूम के बाहर दिखाई दिए।

मैं उनकी तरफ चला ही था तभी मुझे नेहा ने एक नजर देखा और मुझे देखते ही मेरी तरफ रूक जाने के लिए हाथ का इशारा कर दिया। जल्दी से मैं समझ गया था, की वो अब तक भी मुझसे नाराज थी।

'पूजा मुझे नेहा से कुछ अकेले में बात करनी है', मैंने उनके पास जाकर कहा।

'करो-करो', पूजा ने वहाँ से जाते हुए कहा।

'नहीं पूजा तुम कहीं नहीं जाओगी', नेहा ने तुरन्त कहा।

'पूजा रूक गई।

'नेहा सिर्फ एक मिनट', मैंने नेहा से रिक्वेस्ट करते हुए कहा।

पूजा मेरी ये बात सुनकर वहाँ से जाने लगी।

'पूजा मैंने कहा ना तुम कहीं नहीं जाओगीं', नेहा फिर से गुस्से मे कहा।

पूजा रूक गई।

'नेहा सिर्फ एक मिनट', मैंने हल्का सा इमोश्नल होते हुए कहा।

उसने पूजा को वहाँ से जाने का इशारा कर दिया और पूजा वहाँ से चली गई।

वो चुप रही।

'नेहा कुछ बोल तो दो।'

'तुम इतना शक क्यों करते हो मुझ पर', उसने कहा।

'यार कल वाली बात पता नहीं कैसे मुँह से निकल गई', मैंने कहा। 'कल के लिए सॉरी।'

'ये सिर्फ कल की ही बात नहीं है मैं बहुत दिनों से देख रही हूँ की तुम मुझ पर कुछ ज्यादा ही शक करने लगे हो।'

'सॉरी नेहा आईन्दा से नहीं होगा।'

'मुझे तो नहीं लगता', उसने कहा।

'मैं पक्का कह रहा हूँ बिल्कुल भी नही करूँगा।'

'ओके।' उसने गुस्सा शान्त करते हुए कहा।

'और फिर उसी दिन की शाम को मैं, मम्मी और पापा घर में टेबल पर बैठकर खाना खा रहे थे।

'रोहन आज एक खुशखबरी है', पापा ने खाना खाते हुए एक छोटी सी स्माईल के साथ कहा।

'क्या?' मैंने और मम्मी ने एक साथ कहा।

'बॉस ने मेरे काम करने के अन्दाज को देखकर मेरी सैलरी बढ़ा दी है', उन्होंने मुस्कुराते हुए कहा।

'कितनी?' मैंने जल्दी से एक छोटी सी स्माईल के साथ कहा।

'बारह हजार', उन्होंने कहा।

'आपने पहले क्यों नहीं बताया हमें', मम्मी ने मुस्कुराते हुए कहा।

'मैं तुम दोनों को एक साथ सरपराईज देना चाहता था इसलिए', उन्होंने मुस्कुराते हुए कहा।

'पापा आप कितने कंजूस हो हमारे लिए एक मिठाई का डब्बा भी नहीं ला सकते थे', मैंने एक छोटी सी स्माईल देते हुए कहा।

'वो हँसने लगे, और हँसी थामते हुए कहा। 'अरे लाया हूँ भाई लाया हूँ।'

'क्या लाए हो आप', मैंने पूछा।

'एक मिनट।' उन्होंने कहा। और वहाँ से उठकर अपने रूम की तरफ चले गए।

कुछ सैकेण्ड बाद वो एक मिठाई के डब्बे के साथ चेहरे पर एक बड़ी सी स्माईल लिए हुए बाहर आए।

उन्होंने डब्बा खोला और मम्मी को अपने हाथ से एक रसगुल्ला खिला दिया और फिर एक मुझे। मैंने भी उनको एक रसगुल्ला खिला दिया।

रात के करीब ग्यारह बजे थे मैं तब तक भी नॉवल लिख रहा था तभी मेरे फोन पर किसी की मिस्ड कॉल आई, मैंने देखा की वो नेहा की मिस्ड कॉल थी।

मैंने तुरन्त नेहा के पास कॉल कर दी।

'हैलो', उसने फोन रिसीव करने के बाद कहा।

'हाँ हैलो बताओ क्या बात है', मैंने कहा।

'कुछ भी नहीं', उसने हैरानी से जवाब दिया।

'अभी तुम्हारी मिस्ड कॉल आई थी मेरे फोन पर।'

'अच्छा मिस्ड कॉल। मिस्ड कॉल तो गलती से चली गई थी', उसने कहा। 'मैं अरूण के पास करना चाहती थी वो तुम्हारे पास चली गई।'

'क्यूँ अरूण के पास क्यूं कर रही थी तुम', मैंने शक करते हुए कहा।

'नहीं उसका एक मैसिज आया था', उसने कहा।

'क्या मैसिज था?' मैंने उसकी बात बीच में काटते हुए कहा।

'उसमें लिखा था कि ग्यारह बजे एक मिस्ड कॉल कर देना', उसने कहा।

'क्यूँ?'

'पता नहीं', उसने कहा।

'इतनी रात को?' मैंने थोड़ा गुस्से में कहा।

'देखो तुम फिर से शक कर रहे हो', उसने कहा। 'सुबह क्या कहा था तुम्हे याद है ना?'

'मेरे एकदम से सुबह कॉलेज वाली बात याद आ गई।

'सॉरी नेहा सॉरी', मैंने जल्दी से कहा।

'इट्स ओके।' उसने कहा।

'शुक्र है झगड़ा नहीं हुआ', मैंने एक लम्बी सांस छोड़ते हुए मन ही मन में कहा।

'तुम नॉवल लिख रहे हो?'

'हूँ...।'

'सॉरी मैंने तुम्हें डिसटर्ब कर दिया', उसने कहा।

'इट्स ओके।'

'ओके बाए', उसने कहा।

'बाए,' मेरे इतने कहते ही उसने कॉल कट कर दी।

उस वक्त उससे बातें करने के बाद मेरा नॉवल लिखने का मन नहीं कर रहा था। मेरे दिमाग मे बार-बार नेहा और अरूण की इमेज बने जा रही थी। मैं उस वक्त बहुत ज्यादा अकेलापन महसूस कर रहा था। मुझे नेहा की बहुत याद आ रही थी। उस दिन से मुझे नेहा को खो देने का बहुत ज्यादा डर लगने लगा था। मुझे डर था कि कहीं अरूण, नेहा को मुझसे दूर ना कर दे, काफी रात तक मैं उन दोनों के बारे में ही सोचता रहा, मैं बार-बार एक ऐसे आईडिया के बारे में सोच रहा था जिससे की मैं नेहा को अरूण से दूर कर दूँ लेकिन मुझे कोई रास्ता दिखाई नहीं दे रहा था।

मैंने काफी रात तक सोचा लेकिन मुझे कोई रास्ता नजर नहीं आया, आखिर में मेरी पलकें भारी होने लगी और मैं सो गया।

सुबह के सात बजे में बिस्तर से उठा। उठते ही फिर से दोबारा मेरे दिमाग में वही रात वाली बात दौड़ने लगी कि आखिर अरूण ने नेहा से मिस कॉल करने के लिए क्यों कहा था।

वो तो अब कॉलेज पहुँचकर ही पता चलेगा, मैंने खुद के बालों में हाथ मारते हुए कहा।

मैं जल्दी से तैयार होकर कॉलेज पहुँच गया, मैंने चारों तरफ नजर घुमाई।

मुझे ना तो अरूण की कार नजर आई और ना ही नेहा। लेकिन नेहा की स्कूटी खड़ी थी वहाँ पर।

मैंने बाईक खड़ी कर दी और चारों तरफ नजरें घुमाने लगा, मुझे पूजा और सूरज दिखाई दिए। वो दोनों आपस में बातें कर रहे थे। मैं उनके पास गया।

'अरे रोहन आ गया तू', सूरज ने मुझे देखते ही कहा। 'तू कब आया था मैंने कहा।

'वो सब छोड़ पहले मेरी तू एक बात सुन', उसने जल्दी से कहा।

'क्या?' मैंने उसकी बात बीच में ही काटते हुए कहा।

'नेहा अभी कुछ देर पहले ही अरूण के साथ मूवी देखने गई है', उसने कहा।

'सच में?' मैंने जल्दी से कहा।

'हाँ यार मैं सच बोल रहा हूँ अगर तुझे यकीन नहीं हो रहा है तो तू पूजा से पूछ ले।'

'हाँ, सूरज सच कह रहा है', पूजा ने कहा।

'यार ये सब अब कुछ ज्यादा ही ओवरलिमिट हो गया है' सूरज ने कहा।

'चलो तो उनके पास चलते है', मैंने कहा।

'चलो', उन दोनों ने कहा।

'हम तीनों भी वहीं पहुँच गए लेकिन जब तक हम पहुँचे थे मूवी स्टार्ट हो चुकी थी और हाऊसफुल हो चुका था।

'अरे यार थोड़ा जल्दी आ जाते तो', मैं इतना कहकर ही चुप हो गया।

'अब तो हम उनका सिर्फ वेट ही कर सकते है', सूरज ने कहा।

'हूँ...', मैंने कहा।

हम काफी देर तक उनका वेट करते रहे, और दो ढाई घण्टे के बाद जैसे ही मूवी खत्म हुई सभी लोग हॉल से बाहर आने लगे।

उस भीड़ में मेरी नजर अरूण और नेहा पर गई उन दोनों ने एक दूसरे का हाथ पकड़ रखा था, मुझे ऐसा देखकर बहुत ज्यादा गुस्सा आ गया।

तभी एकदम से नेहा की नजर हमारी तरफ घूमी, उसने मुझे देखते ही अरूण का हाथ छोड़ दिया।

मैंने एक नजर नेहा की तरफ देखा और गुस्से में वहाँ से वापस चल दिया।

'रोहन रूको', नेहा ने दौड़कर मेरे पास आते हुए कहा।

'मैं रूक गया।

'रोहन जैसा तुम समझ रहे हो वैसा कुछ भी नहीं है', उसने मेरे सामने आकर जल्दी से कहा।

'अब क्या मेरी आँखें भी झूठ बोल रही है', मैंने उसे अपने सामने से हटाते हुए गुस्से में कहा।

'रोहन मेरी बात समझने की कोशिश करो', उसने मेरा हाथ पकड़कर जल्दी से कहा।

'मैं चुप रहकर अपने गुस्से को कन्ट्रोल कर रहा था।

'मैंने सिर्फ फ्रैन्डशिप के नाते इसका हाथ पकड़ रखा था, नेहा ने आवाज को धीमी करते हुए कहा।

'तो फिर मुझे देखकर तुमने इसका हाथ क्यों छोड़ दिया?' मैंने उससे अपना हाथ छुड़ाते हुए गुस्से में कहा।

'वो इसलिए ताकि तुम फिर से मेरे और इसके बीच गलतफहमी ना करीयेट कर लो, उसने कहा। सॉरी रोहन।

'वो तो मुझे भी साफ-साफ दिखाई दे रहा था कि तुमने किस तरह इसका हाथ पकड़ रखा था', मैंने गुस्से में कहा।

'अरूण तुम कुछ बोल क्यों नहीं रहे?' नेहा ने कहा। 'रोहन को सच-सच बता दो ना।'

'रोहन सच में यार ऐसा कुछ भी नहीं है हम दोनों', वो इतना ही कह पाया था। तभी मैंने गुस्से में उसकी तरफ हाथ करते हुए कहा, बस।

और इतना कहकर मैं वहाँ से सीधा घर चला आया।

मैं अपने रूम में पहुँच गया और रूम को अन्दर से लॉक कर लिया। बेड पर लेटे हुए मैं नेहा और अरूण के बारे में सोच रहा था। बार-बार आँखे बन्द करते ही मेरी आँखों के सामने नेहा और अरूण के हाथ पकड़े हुए की इमेज बने जा रही थी मैं उस वक्त बिल्कुल टूट चुका था और खुद को अकेला महसूस कर रहा था।

नेहा तुमने ऐसा क्यों किया? मैंने तकिए को बाँहों में थामकर अपने आप से कहा।

आखिरकार अरूण ने नेहा को मुझसे दूर कर ही दिया, मैंने फिर से अपने आप से कहा।

दोपहर के तीन बज चुके थे। मैं तब भी वहीं बैड पर लेटे हुए गम में डूबा हुआ था, तभी मेरे फोन की रिंग बजने लगी।

मैंने देखा कि वो नेहा की कॉल थी, मैंने तुरन्त गुस्से में कॉल कट कर दी, और तुरन्त उसकी कॉल फिर आ गई। मैंने फिर से कॉल कट कर दी। वो बार-बार कॉल करती गई और मैं बार-बार कॉल कट करता गया। आखिर में मैने अपना फोन स्वीच ऑफ कर दिया।

'रोहन बेटा क्या हुआ', कुछ ही देर बाद मेरे रूम के बाहर से मम्मी की आवाज आई।

'जी मम्मी', मैंने तेज आवाज में कहा।

'दरवाजा खोलो', उन्होंने कहा।

मैंने बैड से उतरकर दरवाजा खोल दिया।

'क्या हुआ रोहन', उन्होंने दरवाजा खुलते ही कहा।

'क्या? मैं कुछ समझा नहीं।'

'मैं देख रही हूँ कि तुम जबसे कॉलेज से आए हो तब से तुम रूम से बाहर ही नहीं निकले हो।'

'नहीं वो मैं नॉवल की स्टोरी सोच रहा था', मैंने सच को छिपाते हुए कहा।

'मैं ये सोच रही थी कि पता नहीं रोहन को क्या हो गया है जो वो रूम से बाहर ही नहीं निकल रहा है।'

'नहीं-नहीं ऐसा कुछ भी नहीं है मैं सिर्फ स्टोरी सोच रहा था।'

'सॉरी बेटा। करो-करो', उन्होंने कहा और वहाँ से चली गई।

शाम को खाना खाने के बाद मैं अपने रूम में लेटा हुआ था। मैंने अपना फोन ऑन किया, फोन ऑन होते ही तुरन्त नेहा की कॉल आ गई, मैंने फिर से तुरन्त फोन स्विच ऑफ कर दिया।

'रोहन उठो', सुबह मम्मी ने मुझे झंझोड़ते हुए कहा।

'हूँ...', मैंने अंगड़ाई लेते हुए कहा।

'आज कॉलेज नहीं जाना?' उन्होंने कहा।

'नहीं।'

'क्यों?' उन्होंने तुरन्त पूछा।

'मन नहीं है आज मेरा।'

'ठीक है', उन्होंने कहा। और वहाँ से चली गई।

मुझे एकदम से नेहा का ख्याल आया, मैं उस वक्त उसे बहुत मिस कर रहा था।

मैंने अपना फोन ऑन कर लिया और करीब आधे घण्टे के बाद मेरे फोन की रिंग बजने लगी। मैंने देखा की वो सूरज की कॉल थी।

'हैलो', मैंने कॉल रिसीव करने के बाद कहा।

'हैलो रोहन', उसने कहा।

'हाँ बोल।'

'कहाँ पर है तू', उसने कहा।

'घर पर हूँ।'

'कॉलेज नहीं आ रहा तू?' उसने कहा।

'नहीं।'

'क्यों', उसने कहा।

'यू ही, मन नहीं है मेरा।'

'रोहन, नेहा यहीं मेरे पास ही खड़ी हुई है तुझसे बात करने के लिए कह रही है', उसने जल्दी से कहा। 'प्लीज यार सिर्फ एक बार मेरे खातिर।'

'नहीं मुझे नहीं करनी इससे बात', मैंने कहा। 'और अगर तू इससे मेरी बात कराएगा तो मैं फोन कट कर दूँगा।'

'तुझे मेरी कसम है सिर्फ एक बार बात कर ले', उसने कहा। और नेहा को फोन दे दिया।

'हैलो', नेहा ने धीमी आवाज में कहा।

मैं चुप रहा और उसकी बातें सुनता रहा।

'रोहन सॉरी। मैं तुमसे अभी मिलना चाहती हूँ सिर्फ एक बार। आखिरी बार।'

मैं तब भी चुप रहा।

'जो कॉलेज के नजदीक कैफे है मैं तुम्हारा वहीं वेट करूँगी। प्लीज रोहन, जल्दी आ जाना', उसने कहा। और फोन कट कर दिया।

मेरा एक मन उससे मिलने को कर रहा था तो दूसरा नहीं। फिर मैंने डिसाईड किया की मुझे आखिरी बार उससे मिल लेना चाहिए और मैं जल्दी से तैयार होकर कैफे पर अपनी बाईक लेकर पहुँच गया।

मैंने देखा कि नेहा मुझसे पहले वहाँ पहुँच चुकी थी, वो दो कुर्सी वाली टेबल पर बैठी थी। मैं उसकी सामने वाली कुर्सी पर जाकर बैठ गया।

मैंने अपने हाथ टेबल के ऊपर रख लिए।

'रोहन सॉरी', उसने मेरे हाथ पर अपना हाथ रखते हुए धीमी आवाज में कहा।

मैंने तुरन्त उसका हाथ अपने हाथ से हटा दिया।

'रोहन तुम्हें गलतफहमी हो गई है ऐसा कुछ भी नहीं है जैसा तुम सोच रहे हो।'

मैं कुर्सी से खड़ा हो गया और उसका हाथ पकड़कर उसे कैफे से बाहर ले आया।

'मैं अपनी आँखों देखे पर कैसे विश्वास ना करूँ?' मैंने गुस्से में कहा।

'वो रोने लगी', उसकी आँखों से आँसू टपकने लगे।

'अरूण सिर्फ मेरा दोस्त है उससे बढ़कर कुछ भी नहीं', उसने रोते हुए कहा।

'मुझे साफ–साफ नजर आ रहा है कि तुम्हारा और उस अरूण का रिश्ता कहाँ से कहाँ पहुँच गया है।'

'मैं प्रामिस करती हूँ कि अब मैं कभी भी अरूण से बात नहीं करूँगी।

'नहीं अब तुम उसी के साथ और उससे ही शादी करके उसके बंगले में रहो।'

'सॉरी', उसने अपने कान पकड़कर रोते हुए कहा।

मैं उसे नजरअन्दाज करते हुए अपनी बाईक पर बैठा और बाईक स्टार्ट कर ली, वो रोते हुए सॉरी कहती रह गई और मैं अपनी बाईक लेकर वापस अपने घर आ गया।

करीब आधे घण्टे बाद मेरे फोन की रिंग बजने लगी। उस वक्त मैं अपने घर की छत पर था, मैंने देखा कि वो सूरज की कॉल थी।

'हैलो', मैंने कहा।

'रोहन', नेहा का एक्सीडेन्ट हो गया है जल्दी से सिटी हॉस्पीटल आ जा, उसने जल्दी से कहा।

इतना सुनते ही मैंने कॉल कट कर दी और जल्दी से सीढ़ियों से उतरकर नीचे की तरफ दौड़ा।

'रोहन रूको', मम्मी ने मुझे तेजी से आवाज दी।

मैं रूक गया।

'क्या हुआ दौड़े हुए कहाँ जा रहे हो', उन्होंने जल्दी से कहा।

'मैं आपको बाद में बताऊँगा', मैंने इतना कहा।' और वहाँ से सीधा हॉस्पीटल की तरफ निकल गया।

मैं बाईक चलाते वक्त बार-बार नेहा के बारे में सोच रहा था, जिसकी वजह से मेरी आँखों से आँसू टपकने लगे। कुछ ही देर में मैं हॉस्पीटल पहुँच गया।

मैंने जल्दी से अपने आँसू पोंछे और सूरज के पास कॉल की।

उसने मेरी कॉल रिसीव कर ली तब तक वो कुछ बोलता उससे पहले ही मैं ये पूछ बैठा। नेहा हॉस्पीटल में कहाँ पर है?'

'आई सी यू में है', उसने जल्दी से कहा।

इतना सुनते ही मैंने फोन कट कर दिया और आई सी यू के सामने पहुँच गया।

मैंने देखा की आई सी यू के बाहर सूरज, पूजा और नेहा की पूरी फैमली बैठी हुई थी।

मैं उन्हें देखकर थोड़ा शान्त हो गया, मैंने दूर से ही सूरज को अपने पास बुलाने का इशारा किया। वो मेरे पास आ गया। मैं उसे आई सी यू से थोड़ा साईड में ले गया।

'कैसे हो गया उसका एक्सीडेन्ट, मैंने जल्दी से धीमी आवाज में कहा।

अभी जब कुछ देर पहले तू और नेहा कैफे पर मिले थे, तो उसके बाद जब वो वापस कॉलेज की तरफ आ रही थी तभी उसे एक कार ने टक्कर मार दी वो भी कॉलेज के सामने वाले रोड पर।

'ये मेरी वजह से ही हुआ है', मैंने धीरे से कहा।

'कैसे?' उसने कहा।

'वो उस वक्त मुझसे सॉरी माँग रही थी और मैं तब भी उससे झगड़ा किये जा रहा था।'

'इसमें भला तेरी क्या गलती है?' उसने कहा।

'वो बच तो जाएंगी ना?'

'हाँ यार क्यों नहीं', उसने मेरे कँधों पर हाथ रखते हुए कहा।

हम काफी देर तक डॉक्टर का आई सी यू के बाहर आने का इंतजार करते रहे, करीब दो घण्टे के बाद डॉक्टर आई सी यू से बाहर आए।

उन्हें देखते ही सभी खड़े हो गए।

'डॉक्टर अब कैसी है मेरी बहन', नेहा के भाई ने डॉक्टर के करीब जाकर कहा।

'अब कोई घबराने वाली बात नहीं है अब वो ठीक है', डॉक्टर ने कहा।

ये खबर सुनते ही मैं खुश हो गया।

'लेकिन', डॉक्टर ने कहा। वो अपनी याददाश्त भूल चुकी है और अब तो भगवान के हाथ में ही है कि उसकी याददाश्त अब कब वापस आएगी। इतना कहकर वो वहाँ से चले गए। डाक्टर की इस बात से मुझे बहुत अफसोस हुआ।

और ऐसे ही चार दिन और बीत गए, मेरे मम्मी और पापा भी नेहा को देखकर आ गए थे लेकिन वो किसी को पहचान नहीं रही थी। मैं तब रातों को नॉवल नहीं लिखा करता था सिर्फ नेहा की यादों में डूबा हुआ रहता था। मैं खुद को उसकी ऐसी हालत का जिम्मेदार मानने लगा था और एक तरह से ये बात सच भी थी।

उससे अगले दिन भी मैं कॉलेज नहीं गया।

सुबह के नौ बजे थे, सूरज मेरे घर आ गया।

'रोहन', उसने मुझे झंझोड़ते हुए कहा।

'हूँ...', मैंने कहा। और अंगड़ाई लेते हुए बैठ गया।

'नेहा ने अपनी फैमली को पहचान लिया है', उसने जल्दी से कहा।

'सच?' मैंने उसके कँधों पर हाथ रखते हुए जल्दी से पूछा।

'हाँ', उसने कहा।

हम पूजा को साथ लेकर जल्दी से नेहा से मिलने के लिए हॉस्पीटल पहुँचे, लेकिन वहां पहुँचकर मेरी सारी खुशी थम गई। क्योंकि नेहा ने सबको तो पहचान लिया था लेकिन वो हम तीनों को पहचानने से इन्कार कर रही थी यानि की उसकी याद्दाश्त अब तक पूरी तरह नहीं आई थी।

एक साल बाद

'शहर की बड़ी लाईब्रेरी से पढ़ने के बाद दोपहर को मैं वापस बाईक से घर लौटा। उन दिनों मैं अपना ज्यादातर वक्त लाईब्रेरी में ही बिताता था।

और दूसरी तरफ नेहा। नेहा के प्यार को मैंने खुद पर तो हावी होने दिया था लेकिन अपने लक्ष्य और अपने सपनों पर नहीं।

'मम्मी मेरे लिए खाना ले आओ', मैंने घर के अन्दर पहुँचते ही तेज आवाज में कहा।

'रोहन इधर आओ, पापा ने मुझे अपने रूम से ही तेज आवाज दी।

'पापा उस दिन ड्यूटी नहीं गए थे और मुझे कॉलेज की शक्ल देखे हुए सात महीने बीत चुके थे।

'घर वालो ने कॉलेज के लिए ज्यादा फोर्स इसलिए नहीं किया था क्योंकि उन्हें भी पता था की आखिरकार मे बनना तो राईटर ही चाहता था।

'मैं उनके रूम मे पहुँचा, मैंने देखा की वो बैड पर लेटे हुए टीवी पर क्रिकेट मैच देख रहे थे।

'जी पापा', मैंने कहा।

'आ गए तुम लाईब्रेरी से?' उन्होंने कहा।

'हाँ।'

'आओ बैठो इधर', उन्होंने बैड की दूसरी साईड को थपथपाते हुए कहा।

'दूसरे नॉवल की तैयारी तुम कर भी रहे हो या नहीं?' उन्होंने कहा।

'हाँ पापा कर रहा हूँ।'

'मैंने उस वक्त अपना एक नॉवल छपवा दिया था और दूसरे को लिख रहा था लेकिन वो नॉवल बेस्टसेलर नहीं रहा, फिर भी मैंने हार नहीं मानी और मैं दोबारा कोशिश कर रहा था।

'अबकी बार और ज्यादा मेहनत करो और ज्यादा अच्छा नॉवल लिखों', उन्होंने कहा।

'कोशिश तो जारी है।'

वो कुछ सैकेण्ड चुप रहे और उसके बाद कहा, 'ठीक है जाओ।'

'मम्मी कहाँ पर है', मैंने पूछा।

'वो रसोई में है', उन्होंने कहा। और टीवी की ओर ज्यादा आवाज बढ़ा दी।

शाम को मैं सूरज से मिलने के लिए बाईक से उसके घर की तरफ जा ही रहा था तभी मेरी बाईक के सामने अरूण की कार आकर रूकी।

मैंने भी अपनी बाईक रोक दी।

'हे रोहन', उसने कार से उतरते हुए कहा।

मैं भी अपनी बाईक से उतर गया।

एक साल बीत चुका था लेकिन मैं इस एक साल में एक भी दिन अरूण से नहीं बोला था लेकिन उस दिन वो खुद ही मुझसे बोला था।

'हाए रोहन', उसने हाथ मिलाने के लिए मेरी तरफ हाथ बढ़ाते हुए कहा।

मैं कुछ सैकेण्ड यूँ ही खड़े हुए सोचता रहा की हाथ मिलाऊ या नहीं।

असलियत में नेहा की उस हालत का जिम्मेदार वहीं था लेकिन फिर भी मैंने उससे हाथ मिला लिया, क्योंकि उसने खुद ही मेरी तरफ दोस्ती का हाथ बढ़ाया था तो मैंने हाथ मिलाना ही सही समझा।

'कहाँ जा रहे हो तुम?' उसने कहा।

'सूरज के पास जा रहा हूँ', मैंने कहा, 'नेहा कैसी है अब?'

'बिल्कुल ठीक है', उसने कहा।

मैंने नेहा के बारे में उससे इसलिए पूछा था क्योंकि नेहा ने उसको भी पहचान लिया था, उसके बाद सिर्फ मैं, सूरज और पूजा ही बचे थे जिन्हें वो पहचानने से इंकार कर देती थी।

'तुम कहाँ जा रहे हो?' मैंने कहा।

'मैं नेहा के घर से ही आ रहा हूँ', उसने कहा। और अपने घर की तरफ ही जा रहा था।

मैंने पूछा उससे सिर्फ ये था कि वो कहाँ जा रहा है लेकिन उसने मुझे चिढ़ाने के लिए जवाब दिया की वो नेहा के घर से ही आ रहा है।

'और तुम्हारी पढ़ाई कैसी चल रही है?' मैंने कहा।

'अच्छी चल रही है', उसने कहा। और तुम्हारी? ओ सॉरी।' इतना कहकर वो रूक गया।

उसे पता था कि मैं एक साल से कॉलेज नहीं गया था लेकिन उसने जानबूझकर मेरी पढ़ाई के बारे में पूछा था।

'बड़े दुख की बात है, ना?' उसने कहा।

'मैंने तुरन्त पूछा। क्या?

'यहीं की अब तुम्हारा और नेहा का प्यार खत्म हो चुका है।'

'क्या मतलब है तुम्हारा?' मैंने कहा।

'मतलब की नेहा, अब तुम्हें बिल्कुल भी याद नहीं करती', उसने कहा। 'वो अब तुम्हें भूल चुकी है।'

वो अब धीरे-धीरे कटे पर नमक छिड़कने का काम करने लगा था।

मैं चुप रहा और उसकी बातें सुनता रहा।

'अब तुम्हें उसे भूल जाना चाहिए', उसने कहा।

'क्यूं?' मैंने कहा।

'क्योंकि अब वो तुम्हें भूल चुकी है इसलिए अब तुम्हें अपने कैरियर पर ध्यान देना चाहिए।'

'अच्छा?' मैंने कहा।

'अरे मैं तुम्हें सही एडवाईस ही तो दे रहा हूँ', उसने मेरे कँधे पर हाथ रखते हुए कहा।

वो भाषण तो मुझे ऐसा दे रहा था की जैसे कि वो मेरा मालिक हो, मैंने उसे बोलते हुए बीच में इसलिए नहीं टोका क्योकि मैं ये देखना चाहता था कि उसके दिल में और क्या-क्या बातें है जिनको वो मुझे बताकर चिढ़ाना चाहता था।

'हाँ-हाँ और बताओं', मैंने एक छोटी सी स्माईल के साथ कहा। ताकि वो ये ना समझे कि मैं उसकी बातो से चिढ़ रहा हूँ।

'वाकई अब तुम्हें अपने कैरियर पर ध्यान देना चाहिए क्योंकि अब वो कुछ ही सालों में किसी और से शादी कर लेगी और तुम यू ही रह जाओगें।'

'किससे कर लेगी वो शादी?' मैंने कहा।

'किसी से तो करेगी ही', उसने आईब्रों उचकाते हुए कहा।

'फिर भी किससे?' मैंने जानबूझकर पूछा।

मैं ये देखना चाहता था कि वो किसका नाम लेगा।

'शायद। मुझसे', उसने कहा।

मैंने तुरन्त उसके कॉलर पकड़ लिए और गुस्से में कहा। 'तुझसे कभी नहीं करेगी वो शादी।'

उसने मुझसे अपने कॉलर छुड़ाए और कहा, 'और क्या तुझसे करेगी।'

'हाँ मुझसे करेगी', मैंने कहा।

वो हँसने लगा और कहा, 'वो तो वक्त ही बताएगा।'

'हाँ वो वक्त ही बताएगा', मैंने गुस्सा जताते हुए कहा।

इतना सुनते ही वो वहाँ से हँसते हुए अपनी कार में जाकर बैठ गया और कार को तेजी से मेरे साईड से निकालकर ले गया।

मैं भी बाईक लेकर सूरज के घर पहुँच गया।

'नमस्ते आन्टी', मैंने सूरज की मम्मी से कहा।

सूरज भी वहीं पर ही था।

'नमस्ते बेटा', उन्होंने कहा।

'ठीक हो आप?' मैंने एक छोटी सी स्माईल देते हुए पूछा।

'हाँ मैं तो ठीक हूँ बेटा तुम सुनाओ', उन्होंने मुस्कुराते हुए कहा।

'मैं भी ठीक हूँ आन्टी।'

'तुम दोनों बैठो मैं तुम्हारे लिए चाय लेकर आती हूँ।'

'नहीं-नहीं आन्टी रहने दीजिए', मैंने तुरन्त कहा।

'ठीक है, उन्होंने कहा।' और वहाँ से चली गई।

सूरज मुझे अपने रूम में ले गया, रूम में पहुँचकर हम दोनों बैड पर बैठ गए।

'यार नेहा की याददाश्त आ भी जाएगी या नहीं?' मैंने कहा।

'आएगी यार क्यों नहीं आएगी', उसने कहा।

'मुझे नहीं लगता अब।'

'क्यों?' उसने कहा।

'क्योंकि उसने अरूण को भी पहचान लिया है और अरूण को पहचाने हुए उसे चार महीने हो चुके है।'

'तू फिक्र मत कर एक दिन वो हमको भी पहचान लेगी', उसने कहा।

'जिस दिन उसकी याददाश्त आ गई ना, उस दिन से मैं कभी भी उससे झगड़ा नहीं करूँगा।'

वो चुप रहा।

'और अभी कुछ ही देर पहले मुझे अरूण मिला था', मैंने कहा।

'तूने बात की थी उससे', उसने तुरन्त पूछा।

'हाँ पहले वही मुझसे बोला था फिर मैं भी बोल पड़ा।'

'क्या कह रहा था वो तुझसे', उसने कहा।

'वे मुझसे कह रहा था कि नेहा तुझे भूल चुकी है तू भी अब उसे भूल जा और अपने कैरियर की तरफ ध्यान दे। मतलब की वो मुझे चिढ़ा रहा था।'

'तू उसकी बातों पर ध्यान मत दे उसे चिढ़ाने दे', उसने कहा।

मैंने सिर हिला दिया।

'तू अब कॉलेज कब आएगा', उसने कहा।

'तब जब नेहा आएगी।'

उसने गर्दन हिलाने के बाद कहा, ओके।'

'सूरज कल नेहा के घर चले?'

'चल', उसने कहा।

'पूजा को साथ लेके चलना।'

'ओके', उसने कहा।

तुम्हारा और पूजा का क्या चल रहा है?' मैंने मुस्कुराते हुए कहा।

'सब कुछ ठीक चल रहा है', उसने एक छोटी सी स्माईल के साथ कहा।

'और कॉलेज में पढ़ाई वगैरा कैसी चल रही है?'

'अच्छी चल रही है', उसने कहा।

'ओके तो कल मिलते है', मैंने बैड से खड़े होते हुए कहा।

'इतनी जल्दी', उसने बैड से खड़े होते हुए कहा।

'हाँ यार मुझे घर जल्दी पहुँचना है।'

'ओके, उसने कहा।

'ठीक है तो कल चलेगें नेहा के घर।

वो मुझे घर के बाहर तक छोड़ने के लिए आया।'

मैं बाईक से सीधा अपने घर आ गया।

'रोहन अब एक बेहतरीन नॉवल लिखना है तुम्हें', पापा ने खाना खाते हुए कहा।

उस वक्त मै, मम्मी और पापा टेबल पर बैठकर खाना खा रहे थे।

'पापा जी मैं कोशिश कर रहा हूँ', मैंने खाना खाते हुए कहा।

'बेटा और ज्यादा मेहनत करो', मम्मी ने कहा।

मैंने सिर हिला दिया।

मुझे उनकी बातों से ऐसा लग रहा था कि शायद मैं कुछ ज्यादा मेहनत नहीं कर रहा था। मैंने तभी डिसाईड किया की अब मैं और ज्यादा मेहनत करूँगा।

'लो एक और रोटी ले लो', मम्मी ने मेरी प्लेट में एक और रोटी रखते हुए कहा।

उससे पहले मैं पाँच रोटी खा चुका था।

खाना खाते वक्त भी मेरा सारा ध्यान नेहा की यादों में डूबा हुआ था।

मैंने वो वाली रोटी भी खा ली। 'लो एक और रोटी खा लो, मम्मी ने एक और रोटी मेरी प्लेट में रखते हुए कहा।'

'नहीं-नहीं छः रोटी खा चुका हूँ मैं', मैंने जल्दी से कुर्सी से खड़े होते हुए कहा।

मम्मी-पापा मेरी इस हरकत को देखकर हँसने लगे।

रात काफी हो चुकी थी। मैंने नॉवल लिखकर नॉवल नोटबुक साईड में रख दी और नेहा के ख्यालों में खो गया, मुझे अगले दिन का इंतजार था की आखिरकार सुबह कब हो, क्योंकि अब पूरे दो हफ्ते के बाद मैं दोबारा नेहा से मिलने वाला था। उससे पहले मुझे दो हफ्ते हो गए थे नेहा से मिले हुए। उस वक्त मैं अगले दिन के लिए बहुत ज्यादा उत्सुक था।

मैं तो अब दो हफ्ते बाद नेहा से मिलने वाला था लेकिन अरूण रोजाना उसके घर जाकर उससे मिलता था। मेरा भी उससे रोजाना मिलने का मन करता था लेकिन मैं उसकी फैमली की वजह से उसके घर नहीं जाता था।

'हाए सुनील', मैंने नेहा के बड़े भाई से हाथ मिलाते हुए कहा।

अगले दिन मैं, सूरज और पूजा, नेहा के घर पहुँच गए।

सूरज ने भी सुनील से हाथ मिलाया।

मैं पहले काफी बार उनके घर आ चुका था जिसकी वजह से उसकी पूरी फैमली मुझे अच्छी तरह जान चुकी थी।

हम जब भी नेहा के घर जाते थे तो सुनील के फ्रेन्ड बनकर जाते थे ताकि नेहा ये ना पूछे की हम कौन है और जब उसे उसका जवाब ना मिले तो वो हमे पहचानने के लिए अपने दिमाग पर ज्यादा जोर ना डालने लगे।

'हमने सभी से नमस्ते की तभी नमस्ते करते वक्त मेरी नजर अरूण पर गई वो तब भी हमसे पहले वहाँ आकर बैठा हुआ था।

'हम सभी सोफे पर बैठ गए।

'सोफे पर मैं, सूरज, पूजा, अरूण, सुनील और सुनील के पापा बैठे हुए थे।

'नाना जी कहाँ पर है?' मैंने सुनील से पूछा।

'वो किसी काम से मार्किट गए है', सुनील ने कहा।

'बेटा तुमने अब भी जोईन नहीं किया कॉलेज? नेहा के पापा ने मुझसे कहा।

'नहीं अंकल जी अभी नहीं किया।'

'तभी नेहा की छोटी बहन हमारे लिए चाय बनाकर ले आई।

'सभी ने एक-एक कप चाय उठा ली।

'मुझे उस वक्त अरूण को देखकर बहुत ज्यादा गुस्सा आ रहा था।

'आज तुम ड्यूटी नहीं गए?' मैंने चाय की पहली चुस्की लेने के बाद सुनील से कहा।

'नहीं आज मुझे कुछ काम था इसलिए नहीं गया', उसने कहा। और चाय की एक चुस्की ली।

'तभी वहाँ पर नेहा आ गई, उसे आते ही मेरी नजर उसी की तरफ घूम गई।

'अरे तुम चाय क्यों नहीं पी रहे हो', नेहा ने आते ही अरूण से कहा।

'अभी ये थोड़ी गर्म है बाद में पीऊँगा', अरूण ने कहा।

'दिखाओ मैं इसे ठण्डा करके लाती हूँ', नेहा ने उसके कप की तरफ हाथ बढ़ाते हुए कहा।

'नहीं–नहीं मैं कुछ देर बाद पी लूँगा', अरूण ने कहा।

'वो जानबूझकर झूठ बोल रहा था चाय इतनी गर्म नहीं थी मैंने भी तो पी थी।

'नेहा ने तब तक एक बार भी मेरी तरफ नहीं देखा था।

'नेहा वहीं खड़े होकर हम सब को देखती रहीं।

'अरूण तुम कब आये थे?' सूरज ने कहा।

'अभी कुछ देर पहले ही आया था', अरूण ने कहा और चाय की एक चुस्की ली।

'नेहा कैसी हो तुम', पूजा ने कहा।

'मैं तो ठीक हूँ तुम सुनाओ', नेहा ने मुस्कुराते हुए कहा।

'मैं भी ठीक हूँ', पूजा ने कहा।

'सूरज तुम्हारी पढ़ाई कैसी चल रही है?' नेहा ने मुस्कुराते हुए कहा।

'अच्छी चल रही है', सूरज ने कहा और चाय की आखरी चुस्की लेकर खाली कप वहीं सोफे के पास रख दिया।

'और रोहन तुम?' नेहा ने कहा। 'तुम अपनी अगली नॉवल कब प्रोजेन्ट करने वाले हो।'

'बहुत जल्द', मैंने कहा।

'उसने सिर हिला दिया।

'कुछ ही देर में मैंने चाय खत्म कर ली, मेरा वहाँ पर अरूण को देख-देखकर बिल्कुल भी रूकने का मन नहीं कर रहा था। जबकि हमे वहाँ पर आए हुए सिर्फ कुछ देर ही हुई थी।

'अच्छा तो अब चलते है हम', मैंने सोफे से खड़े होते हुए कहा।

'तभी पूजा और सूरज भी सोफे से खड़े हो गए।

'इतनी जल्दी', नेहा ने जल्दी से कहा।

'नहीं हमे कुछ काम है वहाँ भी जाना है इसलिए', मैंने कहा।

'ओके'। नेहा ने कहा।

और हम वहाँ से अपने घर की तरफ निकल दिए। सूरज अपनी बाईक से पूजा को उसके घर छोड़ने के लिए चला गया और मैं अपने घर की तरफ।

और ऐसे ही महीने पर महीने गुजरते गए और छः महीने और बीत गए।

शहर की बड़ी लाईब्रेरी से कुछ किताबें पढ़ने के बाद शाम को मैं वापस बाईक से घर लौटा। और तब तक मेरा और एक नॉवेल छप चुका था जोकि ज्यादा पॉपूलर नहीं हो पाया था, और दूसरी तरफ नेहा। नेहा की याद्दाश्त अब तक भी नहीं आई थी और अरूण की और नेहा की नजदीकियाँ काफी ज्यादा बढ़ चुकी थी वो दोनों ज्यादातर एक साथ ही रहते थे। अब तो सिर्फ मैं, सूरज और पूजा ही बचे थे जिन्हें उसने अभी तक भी पहचाना नहीं था।

मैं घर में अन्दर पहुँचा। मैंने बाहर हॉल में सोफे पर बराऊन साईनी कलर का एक वेडिंग कार्ड रखा देखा।

मैंने वो कार्ड उठाया और देखा की उस पर लिखा था। नेहा वेड्स अरूण।

उन दोनों के नाम को एक साथ लिखा देखा मेरे दिल पर बहुत जोरों का धक्का लगा। मुझे विश्वास नहीं हो रहा था की वो दोनों शादी करने वाले थे।

उन दोनों का नाम पढ़ते ही मैंने वो कार्ड गुस्से में सोफे पर दे मारा तभी वहाँ पर मम्मी आ गई।

'पच्चीस तारीख को सगाई और तीस तारीख को शादी है उन दोनों की' मम्मी ने मेरी तरफ आते हुए कहा।

'मम्मी ये सब कुछ, कुछ ज्यादा ही जल्दी नहीं हो रहा है?' मैंने भारी आवाज में कहा।

'बेटा चाहती तो मैं भी थी की नेहा हमारे ही घर की बहू बने, लेकिन शायद वो हमारी किस्मत में नहीं हैं?

'मम्मी मैं सूरज से मिलने जा रहा हूँ, मैं ये कहते हुए घर से बाहर चला आया। बाईक स्टार्ट की और सूरज के घर की तरफ चल दिया।

मुझे यकीन नहीं हो रहा था की नेहा ने इतनी जल्दी इतना बड़ा फैसला ले लिया था। फैसला उसने अपनी खुशी के लिए लिया था लेकिन उसका फैसला मुझे मुझे बहुत दुख पहुँचा रहा था।

कुछ ही देर में मैं सूरज के घर के बाहर पहुँच गया। मैंने घर के बाहर खड़े रहकर ही सूरज के पास कॉल की।

'हैलो', सूरज ने कहा।

'घर के बाहर आना जरा, मैं तेरे घर के बाहर ही खड़ा हूँ।'

'मैं घर पे नहीं हूँ, उसने कहा।

'तो फिर कहाँ पर है', मैंने उसकी बात बीच में ही काटते हुए कहा।

'गाँधी पार्क में', उसने कहा।

ठीक है मैं वहीं पर आ रहा हूँ तू वहीं पर रहना, मैंने कहा और कॉल कट कर दी।

'गाँधी पार्क उसके घर से सिर्फ तीन सौ मीटर की दूरी पर ही था जिसके कारण मैं उसके पास चंद सैकेण्ड के अन्दर पहुँच गया।

'हाँ बता कैसे आना हुआ', सूरज ने कहा।

हम दोनों पार्क के बाहरी हिस्से पर बनी सीमेन्ट के पतले रास्ते पर चल रहे थे। उस वक्त सूर्य अस्त होता हुआ बहुत ही प्यारा लग रहा था।

'सूरज, यार नेहा और अरूण वाकई शादी करने वाले हैं?' मैंने जल्दी से पूछा।

'हाँ।', उसने धीरे से कहा।

यार उसने इतना बड़ा फैसला इतनी जल्दी कैसे ले लिया?

'यार पूरे सोलह महीने हो चुके है उन दोनों को एक साथ घूमते हुए तो अटरेक्शन तो पैदा होनी ही थी' उसने कहा। 'लेकिन तू फिक्र मत कर मुझे पूरा यकीन है वो शादी तो तुझसे ही करेगी।

'यार यकीन तो पहले मुझे भी था लेकिन अब तो बिल्कुल भी नहीं है', मैंने धीरे से कहा।

'तू यार विश्वास रख मुझे पता है वो उससे शादी नहीं करेंगी', उसने मेरे कंधे पर हाथ रखा।

'यार मुझे डर लग रहा है नेहा कहीं मुझसे हमेशा के लिए दूर न चली जाए', मैंने जमीन की तरफ देखते हुए कहा।

'अच्छा तू मुझे ये बता अगर नेहा ही याद्दाश्त नहीं जाती तो वो किससे शादी करती', उसने पूछा।

'मुझसे।'

'तो यार उसकी याद्दाश्त कभी भी वापस आ सकती है', उसने कहा। 'तू बस थोड़ा सा और इन्तजार कर।'

'ये सब कुछ जो हो रहा है मेरी ही वजह से हो रहा है', मैंने कहा। 'अगर उस दिन मैं नेहा को माफ कर देता तो वो ना तो कॉलेज की तरफ जाती और ना ही उसका ऐक्सीडेन्ट होता।'

'तू यार खुद को दोष क्यों दे रहा है जो होना होता है वो होकर ही रहता है उसे कोई नहीं रोक सकता। उसने कहा। 'तू उसकी इंगेजमैन्ट में जाएगा?'

'नहीं।' मैंने झट से कहा।

उस वक्त तक हम पार्क का आधे से ज्यादा रास्ता पार कर चुके थे और अब आसमान में सिर्फ थोड़ा बहुत ही उजाला बचा था।

'क्यूँ?' उसने तुरंत पूछा।

'नहीं यार मुझसे उनकी इन्गेजमेंट नहीं देखी जाएगी।?

'नहीं रोहन तुझे चलना चाहिए क्या पता तुझे देखकर उसे कुछ याद आ जाए', उसने कहा।

'पिछली बार का याद नहीं है क्या 'तुझे', मैंने कहा। 'जब नेहा अरूण के साथ थी तो नेहा ने कैसे हम दोनों को पहचानने से इंकार

कर दिया था। वो तो ना जाने कैसे अरूण ने ही कह दिया था कि हम दोनों उसके दोस्त है।'

'याद है मुझे', उसने कहा। 'और अरूण को भी कुछ ना कुछ फायदा ही हुआ होगा। इसलिए उसने हम दोनों को खुद के दोस्त बताए थे वरना बिना फायदे के तो वो कुछ काम करता ही नहीं है।

'हाँ वो तो मुझे भी पता है की, उसने हम दोनों को अपने दोस्त कुछ ना कुछ फायदे से ही बताया था।'

'अब तू इस पुरानी बात को छोड़ और प्रेजेन्ट पर फोक्स कर क्या पता उसे कुछ याद ही आ जाए', उसने कहा।

मुझे उसकी बात अच्छी लगी इसलिए मैंने हाँ कर दी।

और सिर्फ इन्गेजमेंट ही नहीं बल्कि शादी में भी चलना है मुझे', उसने कहा। 'तू खुद पर विश्वास रख तू देख लेना उसकी याद्दाश्त जरूर वापस आएगी।

'ठीक है।'

आखिरकार चार दिन बाद पच्चीस तारीख आ ही गई।

रात के आठ बजे थे और मैं शीशे के आगे खड़ा होकर नेहा की इन्गेजमेंट में जाने के लिए तैयार हो रहा था।

उस दिन मैंने डार्क ब्लू कलर की शर्ट और ब्लैक पेन्ट पहन रखी थी। ना चाहते हुए भी मुझे अपनी ही बर्बादी होते हुए को देखने जाना था। बीस मिनट पहले मेरे पास सूरज की कॉल आई थी वो पूजा के साथ कुछ ही देर में मुझे मेरे घर से पिकअप करने के लिए आने वाला था।

मैं तैयार होकर जैसे ही रूम से बाहर की तरफ चला तभी मेरे फोन की रिंग बजने लगी।

मैंने देखा की वो सूरज की कॉल थी। मैं समझ गया था की वो आ चुका था। घर से बाहर खड़ा वो मेरा ही इन्तजार कर रहा था।

मैं घर से बाहर पहुँचा मैंने देखा की सूरज कार में पूजा के साथ बैठे हुए मेरा इंतजार कर रहा था। पूजा पीछे वाली सीट पर बैठी थी।

वो कार सूरज के चाचा जी की थी। मैं कार में आगे सूरज के बराबर वाली सीट पर जाकर बैठ गया।

'चले?' सूरज ने मुझसे कार में बैठते ही पूछा।

'हाँ चलो', मैंने कहा और सूरज ने मेरी हाँ सुनते ही कार चला दी।

कुछ देर तक कार के अन्दर शांति छाई रही उसने बाद पूजा ने मुझसे पूछा। 'रोहन तुम ठीक तो हो।'

'हाँ मैं ठीक हूँ', मैंने भारी आवाज में कहा।

'हालांकि उस वक्त मुझे अच्छा फील नहीं हो रहा था लेकिन मेरी प्रोब्लम भी तो ऐसी थी जिसे ठीक कर पाना सिर्फ और सिर्फ नेहा के हाथ में था।

तकरीबन बीस मिनट के अन्दर हम पिंक नाईट गार्डन में जा पहुँचे जहाँ नेहा और अरूण की इन्गेजमेंट होने वाली थी।

अरूण काफी पैसे वाला था जिसके कारण उसने पिंक नाईट गार्डन को अपनी इन्गेजमेंट के लिए बुक किया था वो गार्डन पूरे इलाहाबाद में सबसे महंगा गार्डन था।

वहाँ पर पहुँचने के बाद मुझे वहाँ पर आये हुए लोगों के कपड़े और उनके अन्दाज को देखकर बहुत ही छोटा महसूस हो रहा था।

'देखों वो रहे नेहा और अरूण', सूरज ने मुझसे उन दोनों की तरफ इशारा करते हुए कहा।

वो दोनों हमसे तकरीबन पचास कदम की दूरी पर खड़े थे। हम तीनों उनकी तरफ बढ़ने लगे।

गार्डन की साज सजावट को देखकर मैं समझ गया था की वाकई गार्डन की सजावट में बहुत पैसा लगा होगा। वहाँ पर लगे फव्वारे, स्वीमिंग पूल का पानी बार-बार कलर बदल रहा था।

हम तीनों उनके करीब पहुँच गए।

हमे देखते ही अरूण चौंक गया और कहा। 'अरे आ गए तुम।'

मेरी नजर उस वक्त सिर्फ और सिर्फ नेहा पर थी नेहा ने अपने हाथ में अरूण का हाथ थाम रखा था और वो वाईट कलर के लौंग फ्राक में बहुत ही प्यारी लग रही थी मानों जैसे कोई अप्सरा आसमां से जमीन पर उतर आई हो।

'आप लोग अरूण के दोस्त हो ना?' नेहा ने हमसे थोड़े डाऊट में पूछा।

'हाँ।' पूजा ने जवाब दिया।

'आओं तो आओ खाना खा लो', अरूण ने अपने चमकदार ब्लैक ब्लेजर के कॉलर को ठीक करते हुए कहा।

'नो, थैक्स। अभी मन नहीं कर रहा है', मैंने अपना गुस्सा छिपाते हुए कहा।

क्योंकि जब कभी भी अरूण अपनी शानो शौकत दिखाने की कोशिश करता है, तो मुझे उस पर बहुत ही ज्यादा गुस्सा आता है और वो उस वक्त वहीं सब करने की कोशिश कर रहा था वो हमें दिखाना चाहता था कि ऐसा खाना हम अपनी शादियों में भी नहीं खाते है जिस तरह का खाना वो अपनी इन्गेजमेंट वगैरा में खाते है।

और एक चीज तो मुझे बिल्कुल भी समझ नहीं आ रही थी कि इन्गेजमेट से पहले वो दोनों एक दूसरे के हाथ में हाथ लिए हुए यूँ ही कैसे घूम रहे थे।

'ओ.के.। तो तुम तीनों बातें करो मुझे नेहा से कुछ काम है हम कुछ देर बाद मिलेंगे तुमसे', अरूण ने कहा और नेहा का हाथ पकड़ते हुए ही नेहा को वहाँ से ले गया।

नेहा ने उस वक्त मुझे पूरी तरह इग्नौर किया था उसने मेरे साथ ऐसा बर्ताव किया था मानों जैसे वो मुझसे पहली बार मिली हो।

'यार मुझे ये समझ नहीं आ रहा है कि आखिरकार नेहा को कुछ याद क्यों नहीं आ रहा है?' मैंने चिड़चिड़ी आवाज में सूरज से पूछा।

'आएगा यार आएगा', सूरज ने मेरे दोनों कंधों पर हाथ रखकर कहा।

मैं शांत हो गया लेकिन मुझे अरूण और नेहा को देखकर बहुत ज्यादा चिड़न महसूस हो रही थी।

तभी एक व्यक्ति ने तेज आवाज में अरूण और नेहा की इन्गेजमेंट की अनाऊसमेन्ट की। सभी का ध्यान उस व्यक्ति की तरफ खिंच गया।

कुछ देर बाद अरूण और नेहा एक दूसरे को रिंग पहनाने लगे। लेकिन मुझसे वो सब देखा नहीं जा रहा था इसलिए मैंने सूरज से कहा। 'सूरज घर चल यार मेरा मन नहीं लग रहा है यहाँ पर।'

और हम तीनों वहाँ से कार लेकर घर की तरफ निकल दिए।

वाकई मुझे उस दिन बिल्कुल कुछ भी समझ में नहीं आ रहा था कि आखिरकार मैं ऐसा क्या करूँ जिसकी वजह से नेहा की याद्दाश्त वापस आ जाए।

घर तक कार में शांति छाई रही। मुझे उन्होंने मेरे घर छोड़ा और चले गए।

चंद मिनट पहले में वहाँ उनकी इन्गेजमेंट में लोगों के शोर शराबे के बीच था और अब मैं अपने शांत कमरे के अंदर शांति से लेटे हुए नेहा के बारे में सोच रहा था।

मैं रात भर नेहा की याद्दाश्त वापस लाने के बारे में सोचता रहा लेकिन मुझे कुछ भी समझ नहीं आ रहा था कि आखिरकार नेहा की याद्दाश्त वापस कैसे लाई जाए।

कुछ दिन और बीते और उनका शादी वाला दिन भी आ ही गया।

मैं, सूरज और पूजा रात के आठ बजे तैयार होकर गुलाब होटल पहुँच चुके थे जहाँ पर नेहा और अरूण की शादी होने वाली थी।

वहाँ पर लोग एक से बढ़कर एक महंगी गाड़ियों में आ रहे थे। वहाँ के दृश्य को देखकर ऐसा लग रहा था मानों किसी बहुत ही बड़े शाही घराने के राजा की शादी होने वाली है।

लेकिन उस दिन हमें ना तो अरूण दिखाई दिया और ना ही नेहा क्योंकि शायद उस वक्त वो अपनी शादी के लिए तैयार हो रहे होंगे।

उस दिन होटल की डेकोरेशन को देखकर मुझे उनकी इन्गेजमेंट वाली डेकोरेशन बहुत ही फीकी नज़र आ रही थी। वहाँ पर ज्यादातर लोग ड्रिंक करने में लगे हुए थे और वेटर भी ट्रे में ड्रिंक लिए हुए घूम रहा था।

हम तीनों पहले से ही मंडप के सबसे नजदीकी टेबल पर जाकर बैठ गए। टेबल एक सफेद शाईनी कपड़े से ढकी हुई थी जिस पर लाईट लगने की वजह से वो और ज्यादा चमक रही थी।

'क्या तुम्हे अब भी उम्मीद है कि नेहा की याद्दाश्त अब भी वापस आ सकती है, मैंने सूरज से पूछा।

'हाँ मुझे तो अब भी है' सूरज ने कहा।

मैं हल्का सा हँसा और बड़े ही इमोशन तरीके से भारी आवाज में कहा। चलो देखते है।

कुछ घण्टों बाद पंडित जी ने अरूण को मंडप में बुलाया।

अरूण के आते ही मेरे दिल की धड़कन बढ़ गई। मुझे मेरे शरीर में एक अजीब सी घबराहट सी महसूस होने लगी। तभी मुझे मेरे साईड वेटर ट्रे में ड्रिंक लेकर आता हुआ नजर आया, मैंने तुरन्त वेटर से कहा। 'एक्सक्यूज मी।'

वेटर तुरन्त मेरे पास आ गया और ड्रिंक के शीशे के गिलासों से भरी ट्रे को मेरी तरफ किया। मैंने पूरी की पूरी ड्रे उठाकर टेबल पर रख ली।

'ये तू क्या कर रहा है रोहन', सूरज ने मुझसे हैरानी भरी आवाज में तुरन्त पूछा।

'तुम जाओ', मैंने वेटर से कहा और वो वहाँ से चला गया।

ट्रे में लगभग पच्चीस से तीस गिलास थे। मैंने पहला ग्लास उठाया और उसे पीना स्टार्ट कर दिया।

'यार तू ड्रिंक तो करता ही नहीं है आज फिर क्यों सूरज ने मुझसे कहा।

मैंने पहला गिलास खत्म किया और खाली गिलास टेबल पर रखते हुए कहा। 'आज मन कर रहा है इसलिए।'

और तभी मैंने देखा की पंडित जी ने नेहा को बुलवाया। नेहा गुलाबी कलर के चमकदार लहंगे में ऊपर से नीचे तक ढकी हुई थी।

उसको देखकर मेरा दिल घबराहट के मारे और जोर-जोर से धड़कने लगा। मैं नेहा को देखते हुए लगातार ड्रिंक पर ड्रिंक पीने लगा।

'बस कर यार अब बहुत है इतना', सूरज ने मेरा हाथ पकड़ते हुए कहा।

उस दिन मैंने जिन्दगी में पहली बार शराब पी थी जिसके कारण मुझे बहुत ही तेजी से नशा चढ़ने लगा था।

जब सूरज ने मेरा हाथ पकड़ा था तो मुझे उस वक्त हल्का-हल्का सा नशा चढ़ने लगा था।

'सूरज मेरा हाथ छोड़ दे यार मैं इतनी बड़ी हकीकत को इस शराब के बिना स्वीकार नहीं कर पाऊँगा यार', मैंने हल्के से नशे की हालत में कहा।

इतना सुनते ही उसने तुरंत मेरा हाथ छोड़ दिया।

मैं उस वक्त ड्रिंक करते हुए पंडित जी के मंत्रों की आवाज को आराम से सुन सकता था। मैंने एक के बाद एक, एक के बाद एक ड्रिंक करता गया, अब मुझे इतना नशा हो चुका था कि मुझे हर चीज सिर्फ धुंधली नजर आ रही थी।

अब बस कर यार अब तो रहने दे', सूरज ने मुझसे कहा

यार नेहा हमेशा के लिए मुझसे दूर जा रही है', मैंने आँसुओं के साथ फुल नशे की हालत में कहा।

यार मुझसे नहीं देखी जा रही है तेरी ये हालत, मैं अभी नेहा के पास जा रहा हूँ और उसे सब कुछ कह डालूँगा चाहे उससे उसके दिमाग पर कितना भी जोर पड़े।' सूरज ने जल्दी से कहा और वहाँ से उठकर नेहा की तरह चल दिया।

मैं नहीं चाहता था कि सूरज नेहा से कुछ कहे क्योंकि अगर सूरज उससे कुछ कहता तो वो सोचने के लिए अपने दिमाग पर जोर डालती और जोकि बहुत बड़ा खतरा था नेहा के लिए।

'पूजा उसे रोकों', मैंने नशे भरी भारी आवाज में कहा।'

पूजा भी जल्दी से उठी और सूरज की तरफ बढ़ने लगी। मैंने देखा की सूरज नेहा के पास पहुँच चुका था और वो मेरी तरफ इशारा करते हुए उससे कुछ कह रहा था, तभी मैंने गौर किया की नेहा एकदम से जमीन पर गिर पड़ी।

मैं भी जल्दी से अपनी टेबल से उठा और नेहा की तरफ बढ़ने की कोशिश की लेकिन मेरा सिर जोर से चकराया और मैं जमीन पर गिर पड़ा।

मेरी आँखें झपकी, फिर मैंने एकदम से आँखें खोली मैंने देखा की मैं अपने घर पर अपने रूम में बिस्तर पर लेटा हुआ था। और सुबह हो चुकी थी।

मैं जल्दी से बिस्तर से उतरा और मम्मी को ढूँढने लगा, मैं चिल्लाया, 'मम्मी।'

'हाँ क्या हुआ? रसोई से मुझे मम्मी की आवाज आई।

मैं दौड़कर मम्मी के पास गया और जल्दी से कहा।

'मम्मी मैं रात को घर कैसे आया था।'

'सूरज छोड़कर गया था तुझे घर', उन्होंने कहा। 'तू रात बहुत ही नशे में था।'

इतना सुनते ही मैं अपने रूम में पहुँचा और जल्दी से सूरज के पास कॉल की।

'हैलों' सूरज ने कहा।

'रात क्या हुआ था', मैंने जल्दी से पूछा।

'रात तूने कुछ ज्यादा ही ड्रिंक कर ली थी तो मैं तुझे तेरे घर छोड़ने गया था', उसने कहा।

'ये सब नहीं मुझे ये बता की रात तूने नेहा से क्या कहा था जो वो नीचे जमीन पर गिर पड़ी थी', मैंने जल्दी से पूछा।

'अच्छा वो, वो तो मैंने उससे गुस्से में कहा था की नेहा अपने दिमाग पर जोर डाल यार ये अरूण तुम्हारा सच्चा प्यार नहीं है वो सिर्फ और सिर्फ रोहन है और तू यार उसे ऐसे मत ठुकरा वो तेरे बिना हमेशा अधूरा ही रह जाएगा। याद करो वो तुम्हारा रोहन को केक के साथ प्यार का इजहार करना और सिर्फ रोहन को स्कूटी की पार्टी देना बस इतना सुनते ही वो बेहोश होकर जमीन पर गिर पड़ी और हम उसे हॉस्पिटल ले गये लेकिन जब उसे होश आया तो मैंने देखा की उस पर मेरी बातों को कोई असर नहीं हुआ था उसकी याद्दाश्त अब भी वैसी की वैसी ही है', उसने कहा।

मतलब वो अब भी अरूण से ही शादी करेगी? मैंने पूछा।

'हाँ।' उसने कहा। 'और हाँ अब मैं खुद कह रहा हूँ की यार तू उसे अब भूल जा क्योंकि अगर उसकी याद्दाश्त वापस आ भी गई ना तो तब तक तो वो अरूण से शादी कर लेगी, इसलिए अब तू अपनी जिन्दगी जी और उसे अपनी जिन्दगी जीने दे।

'तू ठीक कह रहा है', मैंने धीरे से कहा।

'बस तो आज से कॉलेज आना स्टार्ट कर दे', उसने कहा।

'ठीक है', मैंने कहा। 'तू आएगा आज कालेज?

'हाँ।' उसने कहा।

'ठीक है', मैंने धीरे से कहा और कॉल कट कर दी।

मुझे सूरज की बात ठीक लगी। वो ठीक ही कह रहा था कि अब मुझे उसे भूल जाना चाहिए और अपने भविष्य की तरफ ध्यान देना चाहिए।

मैं कॉलेज के लिए तैयार होकर अपनी बाईक लेकर कॉलेज पहुँचा। इतने दिनों के बाद मुझे कॉलेज बिल्कुल ही अजीब-अजीब सा लग रहा था। कॉलेज में लड़के लड़कियाँ एक साथ यूँ ही घूम रहे थे।

मैंने बाईक से उतरकर अपने क्लास रूम की तरफ बढ़ा और जैसे ही मैं अन्दर पहुँचा मेरी आँखें खुली की खुली रह गई, मैंने देखा की नेहा पहली बेंच पर बैठी थी और वो मुझे देखते ही तेजी से मेरी तरफ दौड़ी और मुझे गले लगाकर रोने लगी।

पता नहीं मुझे कुछ समझ में नहीं आया की एकदम से ये हुआ क्या था, मुझे बहुत ही ज्यादा खुशी भी हुई थी लेकिन मैं विश्वास नहीं कर पा रहा था की वो सब कुछ सच था।

'आई एम सो सॉरी रोहन', नेहा ने अपना चेहरा मेरी बाँहों में छिपाकर रोते हुए कहा।

उस वक्त मेरी आँखें भी नम हो चुकी थी और मैंने नेहा को और ज्यादा कसकर बाँहों में भरते हुए कहा 'सॉरी तो मुझे बोलना चाहिए।

'अब थोड़ा दूर-दूर हो जाओ ये कॉलेज है सूरज ने हल्की सी हंसी के साथ हमारी तरफ पूजा के साथ आते हुए कहा।

सूरज की ये बाते सुनते ही मैं और नेहा एक दूसरे से दूर हो गए क्योंकि पूरी क्लास के लड़के लड़कियाँ हमें गौर से देखने लगे थे।

'यार तूने तो ये कहा था की नेहा की याद्दाश्त वापस नहीं आई है', मैंने हैरानी के साथ सूरज से तुरन्त पूछा।

सूरज ने कहा भाई जब नेहा बेहोश हो गई तो इसे हॉस्पिटल ले गए वहाँ कुछ घण्टे के बाद इसे होश आया शादी में आये ज्यादातर रिश्तेदार हास्पिटल में मौजूद थे नेहा और अरूण का परिवार भी वहीं था।

मैं और पूजा तुझे तेरे घर छोड़कर वापस हास्पिटल पहुँचे। क्योंकि तू नशे में जो था।

नेहा ने होश में आते ही पूजा और मुझे हास्पिटल के रूम में बुलाया और सबके सामने अपनी आँखों में आँसुओं के साथ कहा। पूजा और सूरज मुझे रोहन से मिलना है मैं उसके बिना अब एक पल भी नहीं रह सकती प्लीज मुझे रोहन से मिलवा दो।

नेहा ने अरूण और उसके परिवार वालों से कहा प्लीज मुझे माफ कर दो मैं अरूण से शादी नहीं कर सकती क्योंकि मैं रोहन से प्यार करती हूँ और उसके साथ रहना चाहती हूँ।

अरूण ने नेहा से कहा शायद मैं गलत था तुम्हारी याद्दाश्त का फायदा उठाकर तुमसे शादी करना चाहता था मुझे माफ कर दो तुम रोहन के लिए ही बनी हो और अरूण अपने परिवार और रिश्तेदारों के साथ वहाँ से चला गया।

फिर नेहा ने मुझसे कहा और हाँ रोहन को मत बताना कि मेरी याद्दाश्त आ गई है क्योंकि मैं उसे सरप्राईज देना चाहती हूँ।

इसमें मेरी कोई गलती नहीं है भाई ये नेहा का ही आईडिया था', सूरज ने कहा।

नेहा इतने भी सरप्राईज मत दिया करो, मैंने नम हुई आँखों से हल्की सी हँसी के साथ नेहा से कहा।

'सारी। उसने मासूमियत के साथ कहा।

'सूरज यार दोस्त हो तो तेरे जैसा, थैक्स यार, मैंने धीरे से कहा।